CW00548816

5•6 ans

# Méthode de lecture TRADITIONNELLE

# Ratus et ses amis

**Jeanine Guion**
*Orthophoniste*

**Jean Guion**
*Docteur en Sciences de l'Éducation*

*Illustrée par*
**Olivier Vogel**

# Conseils d'utilisation de la Méthode

## *Ratus et ses amis*

Le plaisir d'apprendre à lire et de réussir avec Ratus, on le doit d'abord à **la motivation** : de grands dessins que les enfants ont envie de découvrir pour raconter les aventures du rat vert.
On le doit aussi à **la rigueur d'un apprentissage progressif** qui part du plus simple et du plus fréquent, qui fait étudier les lettres, lire des syllabes, des mots, des phrases, puis des histoires.

- **Le grand dessin** en tout premier. Votre enfant raconte ce qui se passe sur l'image. Il utilise alors des mots dans lesquels il y a le son de la leçon. En même temps, il voit sur son livre comment on l'écrit. Il fait ainsi **la relation entre un son de la langue** qu'il parle, **et la façon de l'écrire**. C'est la base de la lecture.
- **La lettre de la leçon** est associée à **des mots-références** qui aident à la retenir. En lisant **les syllabes**, votre enfant progressera tel le musicien avec ses gammes. Mais si les gammes sont abstraites, les syllabes avec lesquelles il s'entraîne sont réelles : elles existent dans des mots où il peut les retrouver.
- **Les mots à lire** contiennent **les syllabes de la leçon** ainsi que **d'autres syllabes déjà apprises**. Votre enfant découvre qu'il sait déjà lire beaucoup de mots nouveaux.
- **Des phrases** terminent chaque page d'entraînement. Elles viennent après **la lecture de l'histoire** puisqu'elles en vérifient **la compréhension**.
- **Des bilans** répartis régulièrement permettent de **mesurer les progrès** de votre enfant tout au long de son apprentissage.

Alors, **par quoi commencer** après la découverte du grand dessin ? Par l'histoire de Ratus ou par les gammes ? Si votre enfant a envie de commencer par la petite histoire, c'est plus difficile, mais laissez-le faire. Encouragez ses efforts tout en le guidant vers la phase d'entraînement : elle est nécessaire pour qu'il arrive à une lecture sûre, aisée, précise, qui sera la base d'une bonne orthographe.

Les aventures cocasses du rat vert et la rigueur de la méthode de lecture *Ratus et ses amis* créent les conditions du succès.

CONCEPTION GRAPHIQUE ET MISE EN PAGE : AL'SOLO
ADAPTATION 3D DU PERSONNAGE DE RATUS (COUVERTURE) : GABRIEL REBUFELLO
CRÉATION DU MONDE DE RATUS ET SCÉNARIOS DES DESSINS : JEANINE ET JEAN GUION

© Hatier – 8 rue d'Assas, 75006 Paris – 2016 – ISBN : 978-2-218-98986-5

# Présentation d'une leçon

Lettre de la leçon.

Guide pour les parents.

Lettre de la leçon avec ses mots-références.

Mots avec lettres et syllabes déjà apprises en plus de la lettre de la leçon.

Grande image pour s'exprimer.

Titre de l'histoire.

Syllabes avec la lettre de la leçon.

Liaison indiquée.

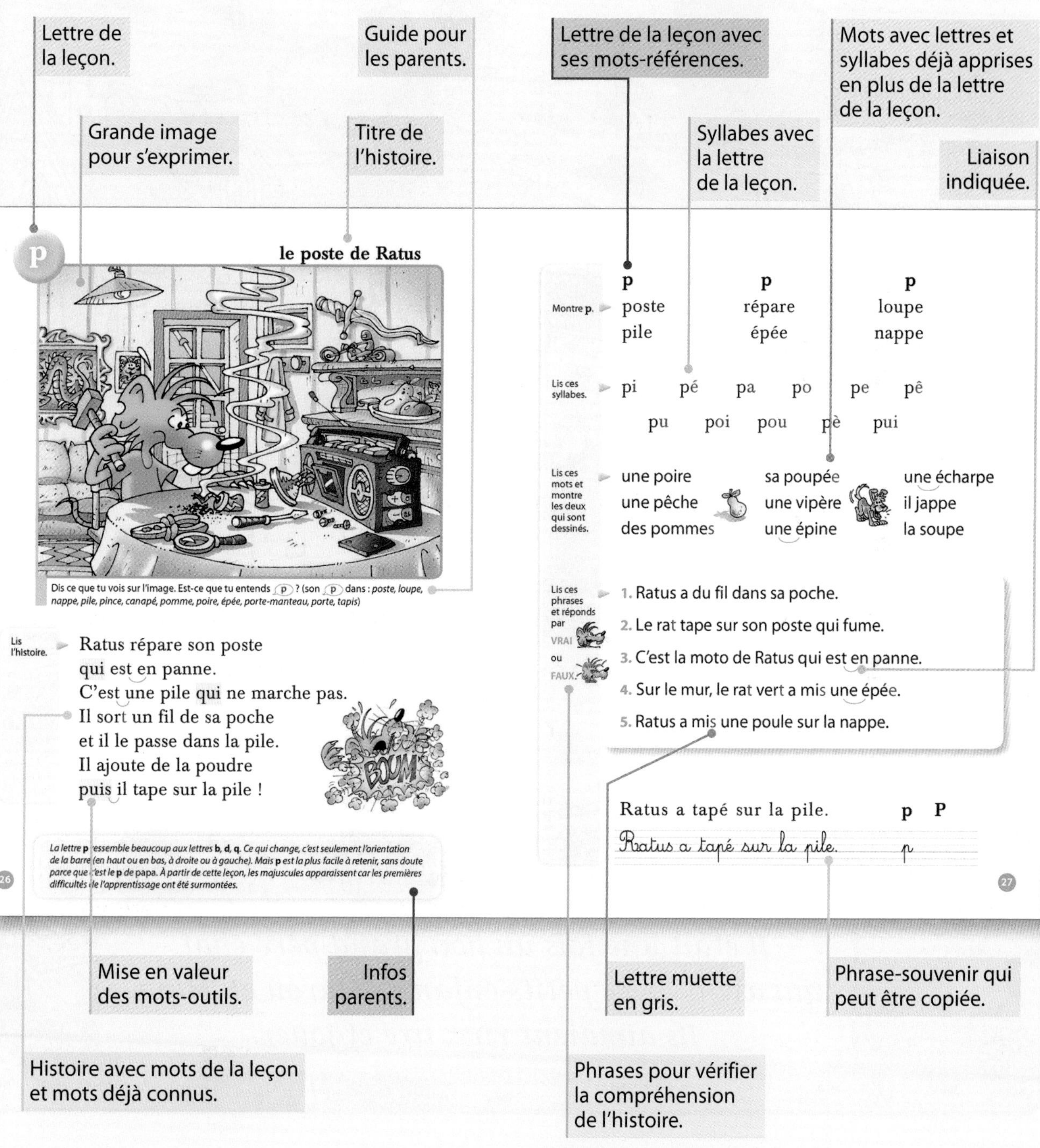

p

**le poste de Ratus**

Dis ce que tu vois sur l'image. Est-ce que tu entends (p) ? (son (p) dans : *poste, loupe, nappe, pile, pince, canapé, pomme, poire, épée, porte-manteau, porte, tapis)*

Lis l'histoire.

Ratus répare son poste
qui est en panne.
C'est une pile qui ne marche pas.
Il sort un fil de sa poche
et il le passe dans la pile.
Il ajoute de la poudre
puis il tape sur la pile !



*La lettre* **p** *ressemble beaucoup aux lettres* **b, d, q**. *Ce qui change, c'est seulement l'orientation de la barre (en haut ou en bas, à droite ou à gauche). Mais* **p** *est la plus facile à retenir, sans doute parce que c'est le* **p** *de papa. À partir de cette leçon, les majuscules apparaissent car les premières difficultés de l'apprentissage ont été surmontées.*

26

Montre p.

| p | p | p |
|---|---|---|
| poste | répare | loupe |
| pile | épée | nappe |

Lis ces syllabes.

pi pé pa po pe pê

pu poi pou pè pui

Lis ces mots et montre les deux qui sont dessinés.

| | | |
|---|---|---|
| une poire | sa poupée | une écharpe |
| une pêche | une vipère | il jappe |
| des pommes | une épine | la soupe |

Lis ces phrases et réponds par VRAI ou FAUX.

1. Ratus a du fil dans sa poche.
2. Le rat tape sur son poste qui fume.
3. C'est la moto de Ratus qui est en panne.
4. Sur le mur, le rat vert a mis une épée.
5. Ratus a mis une poule sur la nappe.

Ratus a tapé sur la pile. **p P**

*Ratus a tapé sur la pile.* *p*

27

Mise en valeur des mots-outils.

Infos parents.

Lettre muette en gris.

Phrase-souvenir qui peut être copiée.

Histoire avec mots de la leçon et mots déjà connus.

Phrases pour vérifier la compréhension de l'histoire.

**Découvrir les lieux et les personnages**

• *Lisez les lignes écrites en bas de ces deux pages, puis laissez votre enfant commenter ce grand dessin. Qu'y voit-il ? Que font les personnages ? Quel est leur nom ? Où est Mamie Ratus ? Où est leur ami Victor ?*

• *Vérifiez que votre enfant sait ce qu'on appelle* ***le haut et le bas d'une page****. (Que voit-on en haut de la page ?*

en bas de la page ?). S'il ne sait pas, tenez le livre debout sur la table pour qu'il montre le haut, puis inclinez-le lentement jusqu'à ce qu'il soit à plat. Faites de même pour le bas de la page. Vérifiez aussi que votre enfant **distingue la droite de la gauche** (Que voit-il à gauche du mur de Belo, le grand-père chat ? à droite de l'arbre ? etc.). Ces deux notions sont essentielles car on lit de la gauche vers la droite, et du haut vers le bas.

# a

## marou

Dis ce que tu vois sur l'image. Est-ce que tu entends (a) ? (son (a) dans : *Marou, Ratus, cartes, as, nappe, panier, ballon, sac, chocolat, fromage, casquette, escargot, arbres, sapins*)

| | | | |
|---|---|---|---|
| Regarde **a**. | a | a | a |
| Montre **a**. | marou | ratus | sac |
| Lis avec moi. | un chat<br>un | un rat<br>un | |
| L'écriture du livre | marou | ratus | a ɑ A |
| L'écriture du cahier | marou | ratus | a |

*On peut trouver deux tracés du **a** minuscule : **a** et **ɑ**. Faites-les observer à votre enfant. Mais un **a** peut être combiné à une autre lettre et on obtient alors un autre son que (a) (ai, an, au…).*
*Pour réussir un apprentissage, il faut toujours commencer par le plus simple, dans ce cas la lettre **a** qui représente le son (a).*

# i

## mina

Dis ce que tu vois sur l'image. Est-ce que tu entends (i) ? (son (i) dans : *livre, elle lit, il rit* ou *il sourit, tulipes, valise, tapis, un lit, table de nuit, pie, rideaux, girafe*)

Regarde **i**. ► i — i — i

Montre **i**. ► mina — livre — girafe

Lis avec moi. ► mina lit.
marou ? il rit.
il

L'écriture du livre ► mina lit. — i I

L'écriture du cahier ► mina lit. — i

*Il y a des petits mots qu'on utilise beaucoup quand on parle, et on les retrouve quand on lit : on les appelle des mots-outils. Ils sont peu nombreux, mais si fréquents et si utiles que votre enfant doit les connaître* ***par cœur*** : un, une, il, est, avec, dans, pour… *Pour qu'il les repère facilement dès le début de l'apprentissage, ces mots sont sur un fond jaune.*

o

# belo

Dis ce que tu vois sur l'image. Est-ce que tu entends (o) ? (son (o) dans : *Belo, moto, moteur, sacoche, tortue, robinet, cloche, volet, tomates, pommes, pot, roses)*

Regarde **o**. ► o o o o

Montre **o**. ► belo moto pomme

Lis ces voyelles. ► o i a i o a o

Lis avec moi. ► belo est un chat.
il a une moto.

L'écriture du livre ► belo a une moto. o O

L'écriture du cahier ► belo a une moto. o

*Le son (o) change un peu suivant les mots et les accents régionaux : un Lyonnais et un Niçois ne prononcent pas le mot rose de la même façon, mais ils se comprennent. Trois fois sur quatre, ce son est écrit avec la lettre **o**. C'est le plus fréquent et le plus simple, donc ce qui doit être appris en premier par votre enfant, avant **au** ou **eau**.*

# é

## le vélo

Dis ce que tu vois sur l'image. Est-ce que tu entends (é) ? (son (é) dans : *pré, vélo, numéro, pédale, échelle, cheminée, fumée, église, poupée, épée, lézard*)

Regarde **é**. ► **é** **é** **é é**

Montre **é**. ► vélo numéro épée

Lis ces voyelles. ► é a i o a é i

Lis avec moi. ► mina a un vélo.
marou est dans le pré.
il a une épée.

L'écriture du livre ► le vélo est dans le pré. **é É**

L'écriture du cahier ► *le vélo est dans le pré.* *é*

*Le **e accent aigu** (**é**) est facile à reconnaître : une lettre et un accent au-dessus. On le trouve souvent à la fin de mots terminés par **é*** (café, canapé…), *par **té*** (santé, liberté…), *par **ée*** (année, journée…) *et aussi à la fin de verbes conjugués* (il a donné, parlé, joué…).

# u

**ratus**

Dis ce que tu vois sur l'image. Est-ce que tu entends (u) ? (son (u) dans : *Ratus, rue, menu, voiture, musique, flûte, instrument, il salue, mur, publicité* ou *pub*)

| | | | |
|---|---|---|---|
| Regarde **u**. ▶ | u | u | u |
| Montre **u**. ▶ | ratus | rue | flûte |

Lis ces voyelles. ▶ u a é o u i é

Lis avec moi. ▶

ratus a une moto.
il est dans la rue.
il a vu belo.

L'écriture du livre ▶ ratus est dans la rue. **u U**

L'écriture du cahier ▶ ratus est dans la rue. u

*Si votre enfant vous dit qu'il voit la lettre **u** dans* Marou*, mais qu'il n'entend pas* (u)*, il a raison. Dites-lui que **u** peut se marier à une autre lettre : avec **o**, on a le son* (ou)*. Ces doubles lettres seront apprises après les voyelles simples. Par contre, un accent sur un **u*** (flûte) *ne change rien à la prononciation de **u**.*

# e

# le cheval

Dis ce que tu vois sur l'image. Est-ce que tu entends (e) ? (son (e) dans : *cheval, Belo, chemin, fenêtre, porte, arbre, jupe, il montre, sacoche, église, grenouille, clôture*)

Regarde **e**. ▶ e e e

Montre **e**. ▶ belo cheval chemin

Lis ces voyelles. ▶ u e a o e u i

Lis avec moi. ▶

belo est revenu
avec un cheval.
il a acheté le cheval
pour marou.

L'écriture du livre ▶ le cheval est pour marou. **e E**

L'écriture du cahier ▶ *le cheval est pour marou.* *e*

*Le son (e) est plus difficile à entendre que le son (é) car on ne le prononce pas toujours. On dit* « cheval », *mais aussi* « ch'val ». *En fin de mot, il est rare qu'un* **e** *se prononce* (port', jup'). *Pour aider votre enfant à l'entendre, articulez toutes les syllabes :* fe-nê-tre, ar-bre.

**f**

# la farine

Dis ce que tu vois sur l'image. Est-ce que tu entends (fff) ? (son (fff) dans : *farine, œuf, cafetière, café, carafe, fourchette, fenêtre, confiture, four*)

Montre **f**. ► **f** farine — **f** café — **f** œuf

Lis ces syllabes. ► fa fi fé fu fo fe

Lis avec moi. ►
la tarte est dans le four.
mina apporte de la confiture.
mina rit : marou a de la farine
sur la figure !

L'écriture du livre ► le café est pour belo. **f F**

L'écriture du cahier ► *le café est pour belo.* *f*

*On commence par la consonne **f** car le son (f) est facile à entendre : on peut le prolonger (prononcez fffffarine). Dans 95% des cas, il s'écrit **f** (parfois **ff**). Le même son qui s'écrit **ph** sera appris plus tard car il ne faut pas surcharger la mémoire au début de l'apprentissage.*

S

# ratus sucre sa salade

Dis ce que tu vois sur l'image. Est-ce que tu entends (sss) ? (son (sss) dans : *Ratus, salade, sucre, sel, soda, coussin, sac à dos, soleil, sardines, serviette, assiette, sauterelle, as, sapins*)

Montre **s**. ► **s** salade — **s** resté — **s** ratus

Lis ces syllabes. ► su sa si so se sé

Lis avec moi. ►
ratus est resté au soleil :
il sucre sa salade,
il sale son soda.
il est devenu fou !

L'écriture du livre ► ratus a sucré sa salade. **s S**

L'écriture du cahier ► *ratus a sucré sa salade.* *s*

*La lettre **s** représente deux sons : l'un se prononce comme dans re**s**té, l'autre se prononce **z** comme dans cui**s**ine. Le premier est neuf fois plus fréquent. Il faut donc l'apprendre d'abord. Comme pour **f**, vous pouvez prolonger le son (s) pour que votre enfant l'entende bien :* ssssalade.

v

# les olives

Dis ce que tu vois sur l'image. Est-ce que tu entends (v) ? (son (v) dans : *olives, cave, valise, cuvette, lavabo, rat vert, réveil, vase, il rêve, bocaux en verre*)

Montre **v**. ▶ **v** vert **v** avalé **v** olives

Lis ces syllabes. ▶ va vo ve vi vu vé

Lis avec moi. ▶ un jour, ratus a volé des olives
dans la cave de belo.
ratus a avalé les olives :
il est devenu vert !

L'écriture du livre ▶ ratus est un rat vert. **v V**

L'écriture du cahier ▶ ratus est un rat vert. v

- *Les lettres **f** et **v** ne se ressemblent pas, mais les sons (f) et (v) sont très proches. Si votre enfant pose deux doigts sur son cou en prononçant (vvv) il sentira vibrer ses cordes vocales ; en prononçant (fff) il ne sentira rien. (v) est une consonne sonore et (f) est une consonne sourde.*
- *Dès le début, habituez votre enfant à faire les liaisons indiquées par une petite courbe bleue.*

# j dans le jardin

Dis ce que tu vois sur l'image. Est-ce que tu entends (j) ? (son (j) dans : *jardin, jupe, jaune, jouer, journal, jumelles, jus de fruit*)

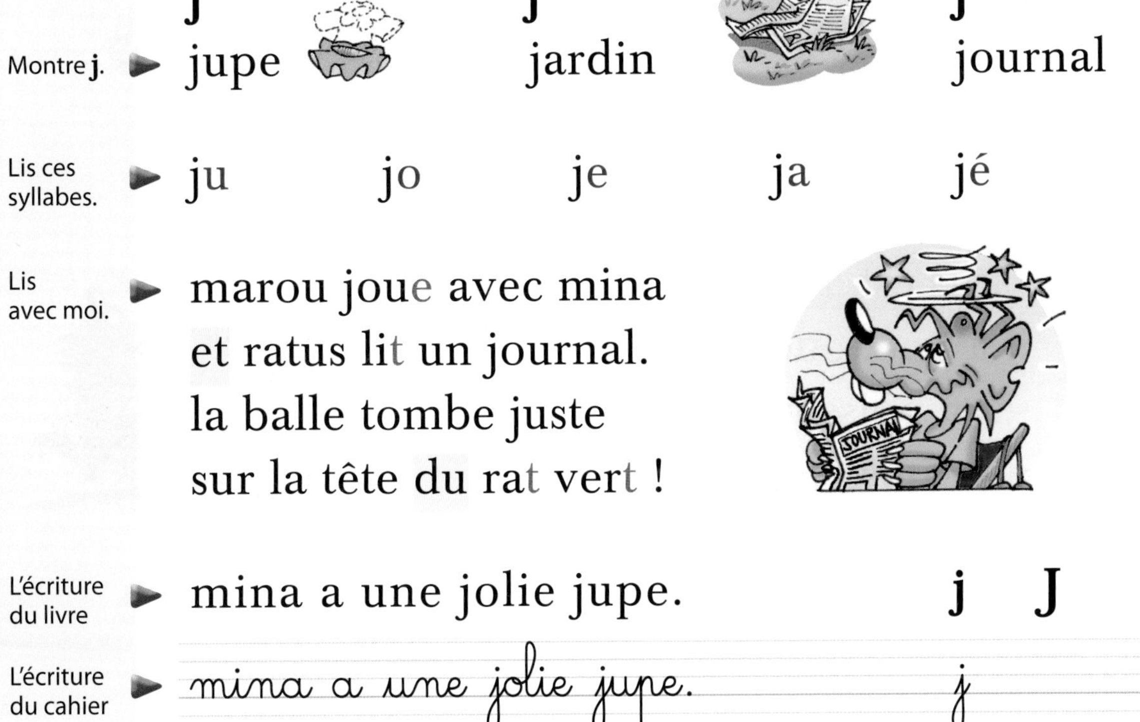

Montre **j**. ► **j** jupe **j** jardin **j** journal

Lis ces syllabes. ► ju jo je ja jé

Lis avec moi. ► marou joue avec mina
et ratus lit un journal.
la balle tombe juste
sur la tête du rat vert !



L'écriture du livre ► mina a une jolie jupe. j J

L'écriture du cahier ► mina a une jolie jupe. j

*Tout comme le son (v), le son (j) est sonore. Votre enfant peut le constater en posant ses doigts sur son cou et en disant (jjjjj) : il sentira vibrer ses cordes vocales. C'est la seule différence avec le son (ch), mais ce dernier s'écrit avec deux lettres.*

# ch

## à la pêche

Dis ce que tu vois sur l'image. Est-ce que tu entends (ch) ? (son (ch) dans : *cheval, vache, canne à pêche, bouchon, poisson-chat, chaise longue, ruche, branches, machine agricole*)

Montre **ch**. ► **ch** cheval **ch** bouchon  **ch** vache 

Lis ces syllabes. ► che chi cha cho ché chu

Lis avec moi. ►
ratus est à la pêche :
il a une touche.
– un poisson à moustaches,
dit ratus, un poisson-chat !

L'écriture du livre ► ratus a des moustaches. **ch Ch**

L'écriture du cahier ► *ratus a des moustaches.* *ch*

*Il faut deux lettres **c** et **h** pour écrire un seul son : (ch). Il est régulier et facile à reconnaître car on peut le prolonger : vachchch'. On le retrouve dans de nombreux mots familiers aux enfants. De même « dit » se rencontre très souvent quand on lit. Si votre enfant retient les mots-outils, cela l'aidera à accélérer sa lecture.*

# m

## la moto fume

Dis ce que tu vois sur l'image. Est-ce que tu entends (m) ? (son (m) dans : *Marou, Mina marche, moto, fumée, chemin, maison, cheminée, moulin, marteau*)

| | **m** | | **m** | **m m** |
|---|---|---|---|---|
| Montre **m**. | moto | | fumée | maman |

Lis ces syllabes. ma mo mi mu me mé

Lis avec moi.

marou a réparé la moto,
mais sur le chemin,
la moto de ratus fume
comme une cheminée !

L'écriture du livre: mina joue à la maman. **m M**

L'écriture du cahier: mina joue à la maman. m

*Le son (m) se dit les lèvres fermées et quand on le prononce, l'air sort par le nez. Faites tracer dans l'espace les trois jambes du **m** à votre enfant tout en les comptant : « 1, 2, 3 : c'est le **m** de **maman**. » Ainsi, il le retiendra bien et ne confondra pas **m** et **n**. On dit que **m** est la lettre du cœur puisqu'on la trouve dans le mot* amour *et deux fois dans le mot* maman.

## Mesure tes progrès !



★ Regarde bien ces syllabes. Dans quels mots sont-elles cachées ?

chi ve ju mi fu sa

fumée joli machine café moto

salade soda cheminée olive jupe

★ Lis ces mots pour trouver leur dessin.

un cheval

la farine

une vache

un vélo

un as

★ Qui fait quoi ?

1. il va au marché.
2. il sale son soda.
3. il joue avec une épée.
4. il va à la pêche.

★ ***Top chrono !*** Tu as 20 secondes pour lire ces petits mots très importants.

le la les un une des

avec comme est dit

★ Lis ces petites histoires, puis trouve celle qui va avec le dessin.

1. mina joue
avec le cheval.
marou est sur le vélo.

2. dans le jardin,
belo est assis et
il lit son journal.

3. belo est dans la rue.
il a vu la moto
de ratus.

RÉPONSES

★ *chi : machine / ve : olive / ju : jupe / mi : cheminée / fu : fumée / sa : salade.*

★ *un cheval : 7 / la farine : 5 / une vache : 3 / un vélo : 8 / un as : 4.*

★ *1. Belo / 2. Ratus / 3. Marou / 4. Ratus.*

★ *Réussite si les mots ont été lus en 20 secondes ou moins.*

★ *Réussite si l'histoire n°2 est attribuée au dessin.*

*Félicitez votre enfant dès qu'il réussit. Il gagne une étoile chaque fois qu'il a trois réponses justes (ou plus, bien sûr) à une question de la page 18. S'il a gagné les cinq étoiles des deux pages, c'est un excellent début. Sinon, encouragez-le en relisant avec lui les premières histoires de Ratus et ses amis.*

# r un repas réussi

Dis ce que tu vois sur l'image. Est-ce que tu entends (r) ? (son (r) dans : *Marou, rôti, tarte, radis, carottes, fourchette, frigo, poire, yaourts, casseroles, robinet, fenêtre, radio, confiture*)

Montre **r**. ► **r** radis **r** tarte **r** four

Lis ces syllabes. ► ra ré ru ro ri re

Lis avec moi. ►
– le repas sera réussi, dit belo.
j'ai ramassé des radis
et j'ai acheté un rôti.
mina a préparé une tarte.
– le fromage a disparu ! dit marou.

L'écriture du livre ► il a acheté un rôti. **r R**

L'écriture du cahier ► *il a acheté un rôti.* *r*

*Il est normal que vous aidiez encore votre enfant à lire le petit texte de la leçon. Mais il est déjà capable de lire seul d'autres mots :* une ruche, le marché, rire, une revue, *et même des phrases :* il a réussi à lire, mina marche avec marou et ratus. *Encouragez toujours ses efforts car les encouragements sont les vitamines de la réussite.*

# 1 sur la lune

Dis ce que tu vois sur l'image. Est-ce que tu entends (l) ? (son (l) dans : *journal, Belo, soleil, vélo, valise, malle, lunettes de soleil, ambulance, journaliste*)

Montre **l**. ► **l** lune — **l** belo — **l** journal

Lis ces syllabes. ► le lu li la lo lé

Lis avec moi. ►

dans le journal, belo lit
que ratus est allé sur la lune.
– la lune est un fromage,
dit ratus. j'ai ramassé
des fromages de lune !

L'écriture du livre ► ratus est allé sur la lune. **l L**

L'écriture du cahier ► *ratus est allé sur la lune.* *l*

*Par sa forme, le* **l** *minuscule ressemble tellement au* **I** *majuscule que ces deux lettres ont parfois le même tracé : une barre ! (***Il** *et* **Il***). C'est une difficulté qui est à l'origine de confusions au début de l'apprentissage. C'est pourquoi il est préférable d'attendre encore un peu avant de faire lire à votre enfant des textes avec des majuscules.*

## n

# la nuit

Dis ce que tu vois sur l'image. Est-ce que tu entends (n) ? (son (n) dans : *nuit, lune, fenêtre, cuisine, journal, limonade, farine, noix, peau de banane, tartine, robinet*)

Montre **n**. ► **n** nuit — **n** fenêtre — **n** farine

Lis ces syllabes. ► nu ne na ni no né nui

Lis avec moi. ►

ratus est dans la cuisine de belo.
il est passé par la fenêtre.
il a avalé la farine, la limonade,
et il est devenu si gros
qu'il ne peut pas sortir !

L'écriture du livre ► ratus a fini la farine. **n N**

L'écriture du cahier ► ratus a fini la farine. n

*La lettre* **n** *ressemble à la lettre* **m**. *Faites observer la différence à votre enfant, par exemple dans le mot* li**m**o**n**ade : 1, 2, 3 jambages pour **m** ; 1, 2 jambages pour **n**. *Votre enfant peut déjà lire beaucoup de mots du petit texte de cette page, et même d'autres :* une niche, un animal, un menu, une année, normal, minuit…

# ou

## ratus tousse

Dis ce que tu vois sur l'image. Est-ce que tu entends (ou) ? (son (ou) dans : *Marou, joues rouges, bougie, bouteille, pantoufles, Mina ouvre, course, couverture, mouchoir, foulard*)

| | **ou** | **ou** | **ou** |
|---|---|---|---|
| Montre **ou**. ► | ouvre | se mouche | marou |

Lis ces syllabes. ► nou chou vou jou fou rou mou

Lis avec moi. ►

ratus est dans son lit.
il se mouche et il tousse.
il a les joues rouges.
marou lui a acheté du sirop.
ratus ne veut pas ouvrir la bouche.

L'écriture du livre ► ratus a les joues rouges. **ou**

L'écriture du cahier ► *ratus a les joues rouges.* *ou*

*Le son* (**ou**) *s'écrit avec deux lettres* **o** *et* **u**, *mais ce n'est qu'un seul son, facile à retenir, peut-être grâce aux nounours des petits. Faites observer* **ou** *dans les mots de cette page. Votre enfant peut aussi lire d'autres mots :* un ours, une mouche, une souris, un loup, un foulard, une journée…

# ê/è

## ratus et l'arête

Dis ce que tu vois sur l'image. Est-ce que tu entends ê ou è ? (son ê ou è dans : *forêt, canne à pêche, il pêche, tête, vêtement, rivière, lièvre, mèches de Ratus*)

Montre **ê** puis **è**. ► la forêt (ê) la rivière (è) il pêche (ê)

Lis ces syllabes. ► rê chê mê fê vè nè sè

Lis avec moi. ►

marou pêche dans la rivière.
ratus lui a volé un poisson
et il a avalé une arête !
– marche la tête en bas,
dit belo, et l'arête sortira !

L'écriture du livre ► il pêche dans la rivière. **ê** **è**

L'écriture du cahier ► *il pêche dans la rivière.* *ê* *è*

*Le **ê** est facile à retenir grâce à son « chapeau ». Pour **è** qui se lit comme **ê**, faites observer l'accent qui descend vers la droite (à l'inverse de **é**). Votre enfant peut lire de plus en plus de mots.*
*Il peut reconnaître le **è** de* père, mère, frère. *Dans le mot* élève, *il peut retrouver le **é** de* vélo *et le **è** de* rivière.

oi

# le roi des rats

Dis ce que tu vois sur l'image. Est-ce que tu entends (oi) ? (son (oi) dans : *foire, poisson, poire (en bois), il boit, voiture, étoiles, noir*)

**oi** **oi** **oi**

Montre **oi**. ► la foire moi le roi

Lis ces syllabes. ► noi foi joi soi voi oir oif

Lis avec moi. ►

– c'est moi le roi de la foire, dit ratus.
j'ai gagné un énorme fromage !
– pour pouvoir partir, dit belo,
il va falloir que ratus
mange son fromage !

L'écriture du livre ► ratus est à la foire. **oi**

L'écriture du cahier ► *ratus est à la foire.* *oi*

*Dans* ***oi****, il y a deux lettres, mais aussi deux sons. On trouve* ***oi*** *dans des mots fréquents. Faites observer à votre enfant la place de* ***oi*** *dans les syllabes :* ***oir*** *de mouchoir,* ***oif*** *de soif. En lisant bien de gauche à droite pour respecter l'ordre des lettres, votre enfant va acquérir une lecture précise.*

# p

## le poste de Ratus

Dis ce que tu vois sur l'image. Est-ce que tu entends (p) ? (son (p) dans : *poste, loupe, nappe, pile, pince, canapé, pomme, poire, épée, porte-manteau, porte, tapis*)

Lis l'histoire.

Ratus répare son poste
qui est en panne.
C'est une pile qui ne marche pas.
Il sort un fil de sa poche
et il le passe dans la pile.
Il ajoute de la poudre
puis il tape sur la pile !



*La lettre* **p** *ressemble beaucoup aux lettres* **b**, **d**, **q**. *Ce qui change, c'est seulement l'orientation de la barre (en haut ou en bas, à droite ou à gauche). Mais* **p** *est la plus facile à retenir, sans doute parce que c'est le* **p** *de* papa. *À partir de cette leçon, les majuscules apparaissent car les premières difficultés de l'apprentissage ont été surmontées.*

Montre **p.**

| **p** | **p** | **p** |
|---|---|---|
| poste | répare | loupe |
| pile | épée | nappe |

Lis ces syllabes.

pi pé pa po pe pê

pu poi pou pè pui

Lis ces mots et montre les deux qui sont dessinés.

| | | |
|---|---|---|
| une poire | sa poupée | une écharpe |
| une pêche | une vipère | il jappe |
| des pommes | une épine | la soupe |

Lis ces phrases et réponds par VRAI ou FAUX.

1. Ratus a du fil dans sa poche.
2. Le rat tape sur son poste qui fume.
3. C'est la moto de Ratus qui est en panne.
4. Sur le mur, le rat vert a mis une épée.
5. Ratus a mis une poule sur la nappe.

Ratus a tapé sur la pile. **p P**

*Ratus a tapé sur la pile. p*

t

# la voiture dans le pré

Dis ce que tu vois sur l'image. Est-ce que tu entends (t) ? (son (t) dans : *Ratus, moustaches, tête, voiture, toit, route, piste, bottes, trousse (de secours), extincteur, tribune*)

Lis l'histoire.

Ratus a voulu une voiture
qui roule vite.
Il a fait des tours de piste,
mais la voiture est sortie
de la route.
Elle est sur le toit, dans le pré !
Ratus sort la tête de la voiture :
il a les moustaches toutes noires.

- *Souvent, à la fin d'un mot, la lettre* **t** *ne représente pas un son. On ne l'entend pas quand on lit à voix haute : il s'agit d'un* **t muet**. *Il y en a dans l'histoire :* fai**t**, toi**t** *et* sor**t**.
- *Les mots qui ont* **deux t** *se prononcent comme s'ils en avaient un seul :* attaché, chatte *ou* patte. *Ils sont faciles à lire et se reconnaissent bien.*

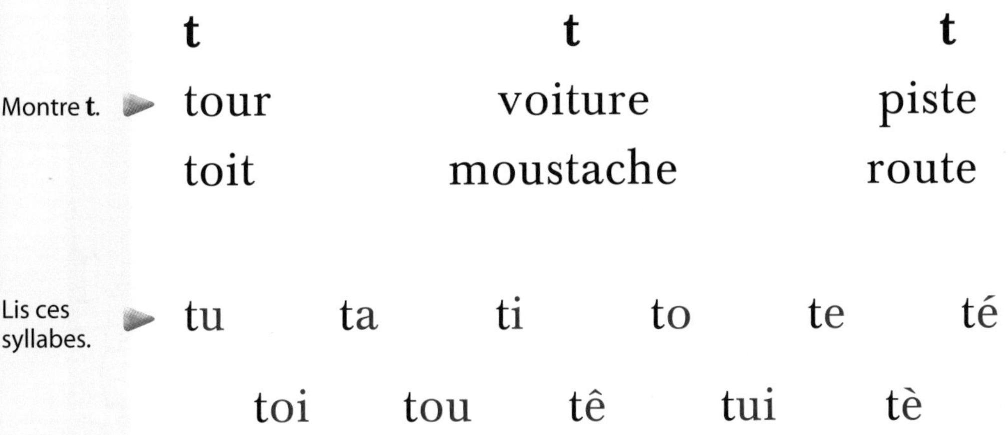

**t** **t** **t**

Montre **t**. ► tour voiture piste

toit moustache route

Lis ces syllabes. ► tu ta ti to te té

toi tou tê tui tè

Lis ces mots et montre les deux qui sont dessinés. ►

une tasse
une tache
des tulipes

utile
un pilote
un matelas

attaché
une chatte
les pattes

Lis ces phrases et réponds par VRAI ou FAUX. ►

1. La voiture de Ratus a un numéro.
2. La voiture du rat vert est allée dans le pré.
3. La voiture de Ratus est restée sur la route.
4. Marou arrive, puis il arrose Ratus avec de la mousse.
5. Mina est sur la route, dans la voiture de Ratus.

la voiture roule vite. **t T**

*la voiture roule vite.* *t*

## c le cacao de Belo

Dis ce que tu vois sur l'image. Est-ce que tu entends (k) ? (son (k) dans : *cacao, sac, Mina court, Marou recule, casserole, chocolat, Belo en colère, cuillère*)

Lis cette histoire.

Mina court dans le jardin.
Elle joue à cache-cache avec Marou.
Elle arrive. Marou recule vite,
juste comme Ratus sort
avec une casserole de chocolat.
Belo est en colère. Il crie :
– C'est mon cacao ! Il est fichu !

*La lettre **c** est simple : elle ressemble à un petit crochet. Votre enfant la lira facilement quand elle est à la fin d'un mot et quand elle est suivie des voyelles **a**, **o** ou **u**. Rappelez-lui que le **c** suivi de **h** représente le son (ch) qu'il connaît déjà et qu'il retrouve dans des mots de cette leçon.*

**c** **c** **c**

Montre **c**. ► court recule avec

colère cacao sac

Lis ces syllabes. ► ca co cu cou coi cui

coi cou cui ac ic oc

Lis ces mots et montre les deux qui sont dessinés. ►

courir il écoute un lac

un canapé  une école  un pic

un couloir une sacoche un choc

Lis ces phrases et réponds par VRAI ou FAUX. ►

1. Marou joue à cache-cache avec Ratus.
2. Marou a reculé et il a poussé Ratus.
3. Le rat vert a volé le café de Belo.
4. Belo est en colère car son cacao est fichu.
5. Mina court dans le jardin et elle rit.

Belo est en colère. **c** **C**

*Belo est en colère.* *c*

# les moucherons

Dis ce que tu vois sur l'image. Est-ce que tu entends on ? (son on dans : *salon, moucherons, bonbons, confiture, citron, crayons, montre, dragon, montagne, marron*)

Lis cette histoire.

Des moucherons sont tombés
dans la confiture.
– C'est sale ! dit Ratus.
Et il tape sur les moucherons.
La confiture tache tout le salon.
Les moucherons ont disparu…
Non, ils sont sur la tête de Ratus !

*Avec* **on**, *on lit un seul son qui s'écrit avec* ***deux lettres***. *Son écriture ressemble à* **ou** *car* ***n*** *est en fait un* ***u*** *à l'envers. Il ne faut pas les confondre ! Montrez* **on** *et* **ou** *à votre enfant dans le mot* moucheron. *Remarque :* **on** *s'écrit* **om** *quand il est avant les lettres* m, b *ou* p. *C'est un problème d'orthographe. Cela ne change rien pour la lecture.*

Montre **on** et **om**.

| **on** | **on** | **on** |
|---|---|---|
| montre | moucheron | **om** |
| confiture | salon | tombés |

Lis ces syllabes.

ron lon mon ton son fon

chon von tom pom som nom

Lis ces mots et montre les deux qui sont dessinés.

un chaton
un melon
un poisson

un savon
un pont
un rond

un ourson
un mouton
une réponse

Lis ces phrases et réponds par VRAI ou FAUX.

1. Ratus dit que les moucherons sont sales.
2. Le rat vert chasse les moutons dans le salon.
3. Les moucherons sont allés sur la tête de Ratus.
4. Ils ont de la confiture sur les pattes.
5. Ratus chasse les mouches avec un chiffon.

des moucherons sont tombés. **on** **om**

des moucherons sont tombés. on om

b

# le bonbon vert

Dis ce que tu vois sur l'image. Est-ce que tu entends (b) ? (son (b) dans : *boîte, bonbons, buisson, table, arbre, bâton, bûches de bois, barbe de Belo, banc, robe*)

Lis cette histoire.

Victor est venu boire le café avec Belo.
À côté de la cafetière,
il y a une boîte de bonbons.
Victor choisit le bonbon vert.
Ratus est caché dans le buisson.
Il rit : c'est le bonbon salé
qu'il a mis dans la boîte !

*Découpez un rond et une barre en papier, puis représentez la lettre* **p** *que votre enfant connaît déjà. Faites ensuite glisser la barre vers le haut pour obtenir un* **b**. *La barre en bas, votre enfant a le* **p** de papa ; *la barre en haut, il a le* **b** de bébé. *Ce petit jeu l'aidera à retenir ce qui distingue deux lettres qui se ressemblent beaucoup.*

| | b | b | b |
|---|---|---|---|
| Montre **b**. | belo | bonbon | robe |
| | boire | buisson | barbe |

Lis ces syllabes.

ba bo bi be bé bu

bou bon bê bui boi

Lis ces mots et montre les deux qui sont dessinés.

| | | |
|---|---|---|
| bonjour | un ballon | obéir |
| bonsoir | une bête | un bijou |
| un bouton | des bottes | une boisson |
| la bouche | une banane | un biberon |

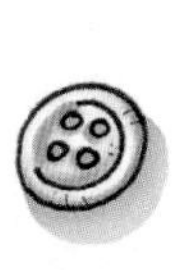

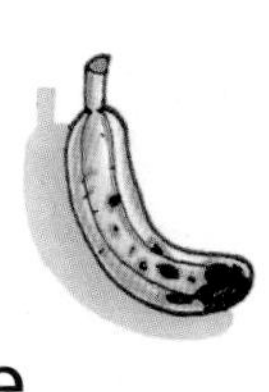

Lis ces phrases et réponds par VRAI ou FAUX.

1. Il y a des poires et des bananes dans la boîte.
2. Ratus a mis un bonbon salé dans la boîte.
3. Ratus voit Victor qui boit le cacao de Belo.
4. Dans le jardin, il y a une robe qui sèche.
5. Il y a un tas de bûches à côté de la porte.

Belo a une jolie barbe. **b** **B**

*Belo a une jolie barbe.* *b*

# d

## l'idée de Marou

Dis ce que tu vois sur l'image. Est-ce que tu entends (d) ? (son (d) dans : *la moto bondit, guidon, pédale, bidon, ruade, dindon ou dinde, doigts*)

Lis cette histoire.

Ratus dit que sa moto n'est pas rapide.
– J'ai une idée ! dit Marou. Donne-lui
des vitamines et elle ira vite.
Ratus achète un bidon de vitamines.
Il le vide dans sa moto et démarre.
Sa moto bondit dans le pré
et fait des ruades comme un cheval !

- *Reprenez le rond et la barre que vous avez découpés pour le* **b**. *Demandez à votre enfant de changer de côté la barre du «* **b** *de bébé » : il obtient un* **d** *!*
- *L'exercice vrai ou faux vérifie que la petite histoire a été comprise. Encouragez votre enfant à exercer son esprit critique et à imaginer les conseils qu'il pourrait donner à Ratus.*

**d** **d** **d**

Montre **d**.

donne idée rapide

démarre bidon ruade

Lis ces syllabes.

di do du dé dou don

pa da ba pon bou doi

Lis ces mots et montre les deux qui sont dessinés.

| | | |
|---|---|---|
| une dame | samedi | solide |
| un devoir | fidèle | un radis |
| une dictée | le coude | un modèle |
| un domino | une maladie | un remède |

Lis ces phrases et réponds par VRAI ou FAUX.

1. La moto de Ratus roule sur la route.
2. Ratus est assis sur une moto qui fait des ruades.
3. Ratus a mis un bidon de vitamines dans sa moto.
4. La moto du rat vert est arrêtée dans le pré.
5. On ne donne pas de vitamines à une moto.

la moto fait des ruades. **d D**

*la moto fait des ruades.* *d*

**g**

# la gondole

Dis ce que tu vois sur l'image. Est-ce que tu entends (g) ? (son (g) dans : *gondole, galère, égout, gouttes sur la figure, galerie, escargot, dragon*)

Lis cette histoire.

Le soir, Ratus s'est gavé de fromage.
La nuit, il rêve qu'il est sur une gondole.
Tout à coup, la gondole a disparu :
le rat vert est attaché et il rame.
Alors il s'évade par une galerie,
mais elle le mène à un égout !
– Au secours ! fait Ratus.
Ouf ! Il est dans son lit, le rêve est fini.

- *Comme le* **a**, *le* **g** *a deux tracés :* **g** *et* **g**. *Vous pouvez les faire lire dans les syllabes p. 39.*
- *Aidez bien votre enfant à marquer les liaisons. Cette habitude lui donnera une lecture naturelle.*
- *Le rêve de Ratus est l'occasion de discuter avec votre enfant des raisons possibles d'un rêve pénible, mais aussi de le rassurer : les cauchemars se dissipent toujours avec le réveil. Ouf !*

| | g | g | g |
|---|---|---|---|
| Montre **g**. | gondole | égout | rigole |
| | galerie | figure | regarde |

Lis ces syllabes.

ga go gu gou gon goi

gou gu go ga goi gon

Lis ces mots et montre les deux qui sont dessinés.

| | | |
|---|---|---|
| une gomme | des légumes | un goujon |
| il galope | un ragoût | le regard |
| la gare | on goûte | une virgule |
| une goutte | il se régale | un nougat |

Lis ces phrases et réponds par VRAI  ou FAUX. 

1. C'est la nuit. Ratus est dans son lit.
2. Ratus rêve que Mina est sur sa gondole.
3. Ratus a vu Marou courir dans la galerie.
4. Il y a des gouttes sur la figure du rat vert.
5. Ratus dit qu'il n'est pas un rat d'égout.

Ratus est sur une gondole. **g g G**

*Ratus est sur une gondole.* *g*

## Mesure tes progrès !

★ Pour chaque mot, trouve le bon dessin !

| | | | |
|---|---|---|---|
| un toit | ❶ | ❸ | une tasse |
| | ❷ | | |
| un radis | ❹ | | un chaton |
| | ❺ | | |
| une tarte | | ❻ | une casserole |

★ Ces mots ont perdu une syllabe. Laquelle ?

1. un ……don 
2. du ……colat 
3. une ……ture 
4. un ……bon 
5. la lu…… 

| | | |
|---|---|---|
| di | pi | bi |
| fo | cho | jo |
| va | voi | foi |
| bon | don | bou |
| me | ne | ue |

★ Te rappelles-tu les histoires de Ratus ?

1. Qui a taché tout son salon ?
2. Qui a avalé un bonbon salé ?
3. Qui a joué à cache-cache ?
4. Qui a bu du café dans le jardin ?
5. Qui a réparé son poste ?

★ ***Top chrono !*** Tu as 20 secondes pour lire ces petits mots très importants.

| puis | alors | dans | sur | au |
|---|---|---|---|---|
| mais | pour | par | qui | il y a |

★ Lis, puis mets les dessins dans l'ordre de l'histoire.

Mina et Marou sont à la gare.

Belo arrive avec son sac.

Il regarde Marou et Mina,

puis il dit, étonné :

– Je ne vois pas Ratus.

Mina répond qu'il n'a pas pu venir.

Mais Marou raconte tout :

– Ratus fait une tarte

aux pommes pour ton retour !

1

2

3

RÉPONSES

★ *un toit : 3 / un radis : 2 / une tarte : 1 / une tasse : 4 / un chaton : 6 / une casserole : 5.*

★ *1. un bidon / 2. du chocolat / 3. une voiture / 4. un bonbon / 5. la lune.*

★ *1. Ratus / 2. Victor / 3. Marou et Mina / 4. Victor et Belo / 5. Ratus.*

★ *Réussite si les mots ont été lus en 20 secondes ou moins.*

★ *Réussite si l'ordre de l'histoire a été trouvé : 3-1-2.*

*Félicitez votre enfant quand il réussit. Il gagne une étoile chaque fois qu'il a trois réponses justes (ou plus, bien sûr) à une question de la page 40. S'il a gagné les cinq étoiles des deux pages, il peut déjà lire les histoires de niveau 1 de la Collection Ratus. (voir page 96)*

# gn qui gagne la course ?

Raconte ce qui se passe sur l'image. (son gn dans : *la campagne, la ligne, le signal, gagner, champignons, se cogner…*)

Lis cette histoire.

Marou et Mina font la course avec Ratus.
Belo a donné le signal du départ.
Ratus est en tête car il est passé
par un chemin plus court.
Juste avant la ligne d'arrivée, il se retourne
pour faire les cornes aux chats.
Il tombe et c'est Mina qui gagne.
Ratus s'est cogné la tête.
Belo soignera sa bosse.

- *La lettre* **g** *déjà apprise correspond à un autre son si elle est suivie d'un* **n** *: le son* **gn***.*
  *Votre enfant fera la différence entre* **g** *et* **gn** *en lisant les syllabes de la page 43.*
- *Des mots se terminent par des lettres qu'on ne prononce pas : les lettres muettes. Dans ce livre, vous en trouverez imprimées en gris pour faciliter les débuts de la lecture.*

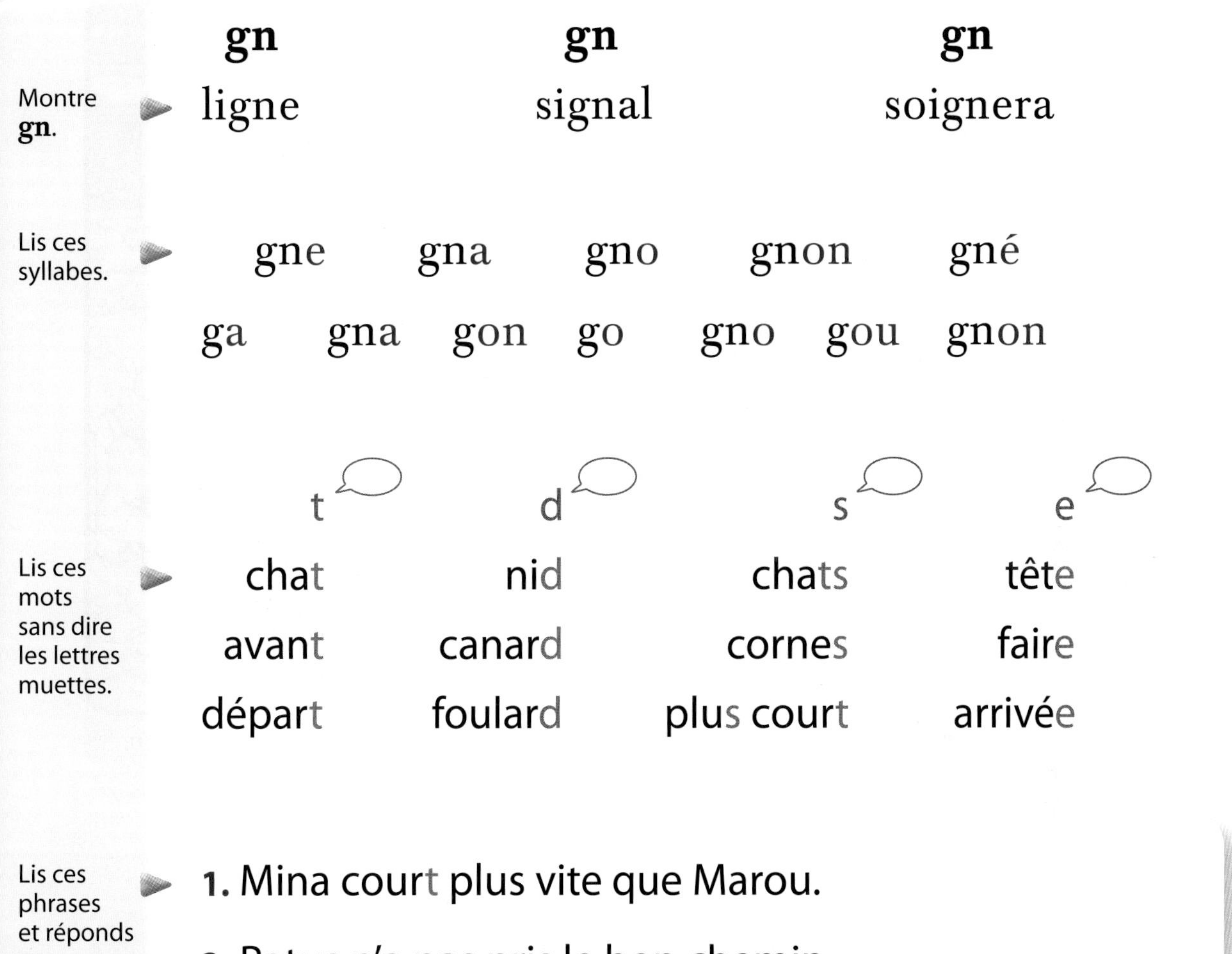

**gn** **gn** **gn**

Montre **gn**.

ligne signal soignera

Lis ces syllabes.

gne gna gno gnon gné

ga gna gon go gno gou gnon

Lis ces mots sans dire les lettres muettes.

| t | d | s | e |
|---|---|---|---|
| chat | nid | chats | tête |
| avant | canard | cornes | faire |
| départ | foulard | plus court | arrivée |

Lis ces phrases et réponds par VRAI ou FAUX.

1. Mina court plus vite que Marou.
2. Ratus n'a pas pris le bon chemin.
3. Belo fait la course avec Marou et Mina.
4. Le rat vert tombe et il se fait mal.
5. C'est Ratus qui a gagné la course.

Belo soigne le rat vert. **gn**

*Belo soigne le rat vert.* *gn*

in

# l'invité de Belo

Raconte ce qui se passe sur l'image. (son in dans : *jardin, lapin, dindon, coussin, chemin, grimpé, impoli, invité…*)

Lis cette histoire.

Ratus a grimpé sur son mur.
Il s'assoit et il regarde.
– J'ai invité un ami, lui dit Belo.
Retourne dans ton jardin.
Mais Ratus est impoli et il répond :
– Ton ami ne me fera pas partir
même si c'est le roi des malins !
Qui arrive sur le chemin ? C'est Victor !
Et Victor est très fort, plus fort que Ratus.
Vite, le rat vert retourne dans son jardin.

*L'écriture de base de cette leçon est* **in**, *celle que votre enfant doit bien reconnaître d'abord.*
*L'écriture* **im** *est suivie de* **b** *ou de* **p** *et se lit comme* **in**. *C'est un problème d'orthographe.*
*Cela ne change rien pour la lecture. Plus loin dans le livre, votre enfant apprendra que l'on peut rencontrer* **ain** *ou* **ein**, *qui se lisent aussi* **in**.

**in** **in** **in**

Montre **in** et **im**.

invité

jardin

chemin

**im**

impoli

Lis ces syllabes.

| din | lin | pin | fin | sin | vin |
|---|---|---|---|---|---|
| rin | min | tim | sim | imb | imp |

Lis et trouve les mots dessinés.

le matin

un gamin

un dindon

un lapin

un sapin

un moulin

un bassin

des pépins

un sous-marin

Lis ces phrases et réponds par VRAI ou FAUX.

1. Le rat vert est debout sur le mur.
2. Victor est venu en voiture.
3. L'ami de Belo est très fort.
4. Victor est un invité qui est impoli.
5. À la fin, Ratus retourne dans son jardin.

l'invité est sur le chemin. **in**

*l'invité est sur le chemin.* *in*

# an, en

## le concours de danse

Raconte ce qui se passe sur l'image. (**an** ou **en** dans : *guirlande, danse, jambes, gendarme, enfant, pendule, tambour, gagnant, récompense…*)

Lis cette histoire.

Il y a un concours de danse.
Sur la piste, c'est au tour de Ratus.
Tout le monde l'entoure et le regarde.
Il lève les bras et les jambes en dansant.
On entend un roulement de tambour :
c'est Ratus qui est le gagnant.
Que va-t-il avoir pour récompense ?
Une pendule à coucou !
Il l'emportera sur sa moto.

*Les écritures* **an** *et* **en** *sont aussi fréquentes l'une que l'autre. Comme pour* **in**, *le* **n** *devient* **m** *avant les lettres* **m**, **b** *ou* **p**. *La difficulté de lecture est de ne pas confondre* **en** *qui se lit* **an** *et* **en** *muet qu'on trouve à la fin des verbes (-ent). La lecture à haute voix aide à lire, même une phrase bizarre comme :* « Les poules du couvent couvent souvent » *!*

| | **an** | **en** | **am, em** |
|---|---|---|---|
| Montre **an** et **en**, **am** et **em**. | danse | entoure | tambour |
| | gagnant | pendule | emportera |

Lis ces syllabes.

dan pen gnan ten lan van men

cam rem cham jam ram tem lam

Lis et trouve les trois mots possibles pour le dessin.

| | | | |
|---|---|---|---|
| un pantalon | dimanche | le vent | le menton |
| une chanson | gourmand | content | un enfant |
| un pantin | la jambe | comment | une tempête |

Lis ces phrases et réponds par VRAI ou FAUX.

1. Ratus danse en levant les bras et les jambes.
2. Les chats sont sur la piste de danse.
3. C'est Victor qui joue du tambour.
4. Sur la piste, Mina danse avec Marou.
5. Ratus a gagné la pendule à coucou.

le gagnant a une pendule. **an** **en**

*le gagnant a une pendule. an en*

# au bazar

Raconte ce qui se passe sur l'image. (son z dans : *bazar, bizarre, douze, quatorze, quinze, magasin, vase, rose, chemise, valise, zouave, en lézard…*)

Lis cette histoire.

Ratus a des goûts bizarres.
Au bazar, il choisit un pantalon rose bouffant, une chemise à pois et des bottes en lézard !
– Mais c'est un zouave ! dit Mina en riant.
– Dans le magasin, il y a des choses plus jolies pour un rat vert, dit Marou.
– Bon, dit Ratus, je n'achète pas la chemise, mais je garde le pantalon et les bottes.
Marou et Mina ont un voisin amusant !

*Si* **z** *est facile à lire,* **s** *entre deux voyelles l'est moins. Si on le lit comme le* **s** *de* « penser », *le* « cousin » *devient un* « coussin » (son cousin/coussin est sur le canapé). *Pour lire juste, les voyelles avant et après un* **s** *doivent être repérées très vite. Pour guider votre enfant, elles sont en rouge dans les deux premiers exercices de la page 49.*

| z | s (z) | s (z) |
|---|---|---|
| bazar | rose | choisit |
| bizarre | voisin | magasin |
| lézard | amusant | chemise |

Montre **z** et **s** entre 2 voyelles.

Lis ces syllabes.

za zou zè zi ziè zo zu zon

iso usi ose usé ési oise asin ouse

Lis et trouve les mots dessinés.

| | | | |
|---|---|---|---|
| un zoo | zéro | une fusée | une bêtise |
| une zone | douze | une usine | une valise |
| le gazon | onzième | un arrosoir | la pelouse |

Lis ces phrases et réponds par VRAI ou FAUX.

1. Ratus a acheté des petits pois dans le magasin.
2. Ratus achète un pantalon rose et des bottes.
3. Au bazar, Belo choisit une chemise rose.
4. Marou dit que Ratus est un zouave.
5. Les bottes de Ratus sont en lézard.

au bazar, il choisit une chemise. z Z

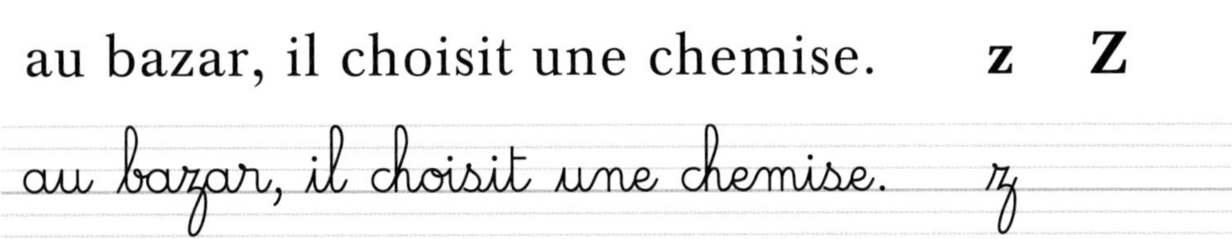

ph

# l'éléphant rose

Raconte ce qui se passe sur l'image. (son ph dans : *éléphant, téléphone, appareil photo, phare de la moto*)

Lis cette histoire.

– J'ai vu un éléphant sur la route, dit Ratus.
– Un petit éléphant ou un gros ? demande Mina.
– Un gros éléphant rose, répond le rat vert.
Belo devine que Ratus a tout inventé.
– J'ai téléphoné à Victor, dit-il.
Il n'a pas vu d'éléphant rose,
mais il a vu une soucoupe volante !
Alors, Ratus dit avec un sourire malin :
– C'est que mon éléphant rose
est venu en soucoupe volante !

*Quand on parle, les mots sont liés entre eux, alors quand on lit on « fait des liaisons ».*
*La prononciation d'un mot est modifiée en fonction de celui qui le précède. Ainsi doit-on lire*
un **n**éléphant, un petit **t**éléphant, un gros **z**éléphant, *bien que le mot* éléphant *ne change pas.*
*Mais toutes les liaisons ne se font pas : elles dépendent du ton et du rythme de la phrase.*

Montre **ph**. Lis avec les liaisons.

**ph**

éléphant

téléphone

un éléphant

mon éléphant

un petit éléphant

un gros éléphant

Lis ces syllabes.

phan pho phe pha phi phon phé

Lis et trouve les mots dessinés.

| | | |
|---|---|---|
| un phare | un siphon | Sophie |
| une photo | un nénuphar | Stéphanie |
| une phrase | un phénomène | Philippe |

Lis ces phrases et réponds par VRAI ou FAUX.

1. Ratus dit qu'il a vu un éléphant sur la route.
2. L'éléphant de Ratus est un gros éléphant vert.
3. Belo pense que Ratus ne dit pas la vérité.
4. Ratus est assis sur son mur.
5. La moto de Belo a un phare.

Ratus a vu un éléphant. **ph**

*Ratus a vu un éléphant.* *ph*

## gare au taureau !

Raconte ce qui se passe sur l'image. (**au** ou **eau** dans : *chapeau, jaune, taureau, museau, anneau, oiseau, taupe*… Son (o) également dans *toréro*)

Lis cette histoire.

Ratus joue au toréro dans le pré.
Comme il est beau avec son chapeau noir,
sa cape rouge et son costume jaune !
Mais le taureau n'est pas un agneau
et il se rue sur le rat vert !
– Attends ! crie Ratus, il faut d'abord
que je secoue ma cape sous ton museau.
Le taureau n'écoute pas le pauvre rat vert.
– Au secours ! crie Ratus en se sauvant.

- *Avec* **au**, *voici encore deux lettres pour un seul son. Mais il y a une autre difficulté :* **au** *ressemble à* **an** *(le* **u** *est un* **n** *à l'envers) et à* **ou**. *Plusieurs mots de la petite histoire de Ratus permettent de bien faire la différence entre ces écritures voisines.*
- *En fin de mot,* **au** *s'écrit souvent* **eau** *: dans t***aureau** *on trouve à la fois* **au** *et* **eau**.

Montre **au** et **eau**.

| **au** | **eau** |
|---|---|
| jaune | beau |
| pauvre | chapeau |
| taureau | taureau |

Lis ces syllabes.

fau sau tau mau chau cau gau

neau veau gneau deau reau peau

Lis et trouve les mots dessinés.

| | | | |
|---|---|---|---|
| aussi | à gauche | un oiseau | un rideau |
| autour | une taupe | un bateau | un poireau |
| une auto | une faute | un bureau | un manteau |

Lis ces phrases et réponds par VRAI ou FAUX.

1. Ratus joue au toréro avec une vache.
2. Ratus a une cape noire et un beau chapeau rouge.
3. Ratus crie « Au secours ! ». Marou regarde et il rit.
4. Mina est à côté de Marou, cachée par un buisson.
5. Dans le pré, il y a un oiseau qui regarde le taureau.

le taureau est dans le pré. **au** **eau**

le taureau est dans le pré. au eau

# eu, œu

## Ratus a peur !

Raconte ce qui se passe sur l'image. (**eu** ou **œu** dans : *haut-parleur, meuh, beurre, œuf et œufs, voleur, peur, menteur, fleurs…*)

Lis cette histoire.

Belo ne veut plus que Ratus vole son fromage.
Jeudi, il a caché un petit haut-parleur
dans une boîte vide de camembert.
Elle fera « meuh ! » si on la touche.
Le soir, le grand-père chat entend « meuh ! ».
Il va dans sa cuisine et il voit son voisin.
– C'est le taureau ! crie Ratus. Au secours !
– Tu as vu le taureau ? demande Belo.
– Oui, il est dans ton frigo et il a cassé tes œufs !
Et le menteur se sauve vite en courant…

*Le son* **eu** *peut varier selon les mots* (peu / peur) *ou selon les accents régionaux. Il s'écrit* **eu** *ou parfois avec un* **o** *lié :* **œu**. *On trouve* **œu** *dans quelques mots fréquents* (sœur, cœur, vœu…). *Faites remarquer à votre enfant que la prononciation de* œuf *et de* bœuf *change au pluriel :*
un œuf, des œufs ; un bœuf, des bœufs.

| eu | eur | œu |
|---|---|---|
| jeudi | peur | œuf |

Montre **eu** et **œu**.

Lis ces syllabes.

peu beu jeu leu meu feu seu

deu veu gneu sœu cœu bœu vœu

Lis et trouve les mots dessinés.

| | | | |
|---|---|---|---|
| neuf | peureux | un joueur | sa sœur |
| seul | soigneux | une couleur | le cœur |
| jeune | le beurre | un chanteur | un bœuf |
| deux | les cheveux | un inventeur | un vœu |

Lis ces phrases et réponds par VRAI ou FAUX.

1. Belo a mis un haut-parleur dans une boîte de fromage.
2. Il y a un taureau dans le frigo de Belo.
3. La boîte de fromage a fait « meuh ! ».
4. Le taureau a cassé les œufs.
5. Belo a réparé les œufs cassés !

jeudi, il a cassé des œufs. **eu** **œu**

*jeudi, il a cassé des œufs.* *eu* *œu*

# ai, ei

## la caisse en bois

Raconte ce qui se passe sur l'image. (**ai** ou **ei** dans : *caisse, balai, chaise, portrait, araignées, raisin, peigne…*)

Lis cette histoire.

On a apporté une caisse en bois à Ratus.
Comme il a de la peine à l'ouvrir,
il demande de l'aide à Belo. Il lui dit :
– C'est un cadeau de mon cousin.
Il est venu me voir la semaine passée.
Dans la caisse, il y a des chiffons et un balai.
Il y a aussi un petit mot du cousin :
– C'est pour ta maison, j'ai vu des araignées.
– Qu'il s'occupe de ses affaires, grogne Ratus.
Moi, j'aime les araignées !

• *Vous pouvez faire chercher dans l'histoire les mots qui ont* **ai** *et* **ei** *: ils ont le son* è.
*La lecture des syllabes de la page 57 aidera votre enfant à bien les reconnaître.*
• *Comme toutes les histoires de ce livre, cette aventure de Ratus peut donner lieu à une discussion intéressante : que penser de cet invité ? Que penser de la remarque de Ratus ?*

| ai | ai | ai | ei |
|---|---|---|---|

Montre **ai** et **ei**.

aide caisse balai peine

maison semaine araignée

Lis ces syllabes.

cai mai pei rai fai sei vai tai

lei pai rei chai vei gai bei gnai

Lis et trouve les mots dessinés.

| | | |
|---|---|---|
| une chaise | épais | une baleine |
| une paire | du lait | un peigne |
| une fontaine | le raisin | une reine |
| une douzaine | des ailes | seize |



Lis ces phrases et réponds par VRAI ou FAUX.

1. C'est Belo qui aide Ratus à ouvrir la caisse.
2. Dans la caisse, il y a des bonbons et du chocolat.
3. Le cousin pense que la maison du rat vert est sale.
4. On peut lire « Bonne fête Ratus » sur le petit mot.
5. Ratus aime le cadeau qui est dans la caisse.

il a de la peine à ouvrir la caisse. **ei** **ai**

*il a de la peine à ouvrir la caisse. ei ai*

e =è

# les devinettes

Raconte ce qui se passe sur l'image. (son è dans : *tabouret, verre, sauterelle, escargot, carnet, devinettes, jumelles, échelle, pelle, volet, robinet…*)

Lis cette histoire.

Marou a sorti son carnet de devinettes.
– Qui a un bec et dort le jour ? demande Marou.
– C'est la chouette ! répond Mina.
– Devine, Ratus : elle a des antennes et elle saute.
– C'est la télé ! dit le rat vert, tout content de lui.
Mina se met à rire. Marou aide Ratus :
– Mais non ! Elle est verte, comme toi.
– Moi, je sais, dit Mina. C'est la sauterelle !
Ratus a encore perdu. Il s'énerve :
– Votre jeu est bête, je retourne faire ma sieste.

*Lorsque* **e** *n'est pas à la fin d'une syllabe, il se lit* è. *Quand il y a une consonne double, on coupe la syllabe entre les deux, comme dans* bel-le *(on lit «* bè-le *»), contrairement à* Belo *(qui se lit «* be-lo *»). La lettre* **e** *prononcée* è *se rencontre très souvent. Les syllabes et les mots de la page 59 vont entraîner votre enfant à bien les lire.*

| | e• | e• | e•• |
|---|---|---|---|
| Montre **e** prononcé **è**. | carnet | sieste | devinette |
| | bec | perdu | chouette |

Lis ces syllabes.

es ef per lec sec pel sel ter

esse enne ette erre elle effe

Lis et trouve les mots dessinés.

| | | | |
|---|---|---|---|
| un escargot | la lecture | un jouet | une cachette |
| une veste | un verre | un robinet | la sonnette |
| un insecte | la terre | un volet | la toilette |
| le chef | l'échelle | | |

Lis ces phrases et réponds par VRAI ou FAUX.

1. Marou est assis sur un cheval à bascule.
2. Le rat vert a donné une réponse juste.

3. Ratus n'aime pas les devinettes car il perd.
4. Mina rit car la réponse de Ratus est amusante.
5. Ratus retourne dans sa maison faire son repas.

il a un carnet de devinettes. **ette**

*il a un carnet de devinettes. ette*

# br, bl, fr, fl...

## Ratus bricoleur

Raconte ce qui se passe sur l'image. (**fl** : *fleurs, flocons, flacon* ; **pl** : *parapluie, planche* ; **cl** : *clous, clochette, clé* ; **br** : *bras, bricoleur* ; **tr** : *fenêtre, portrait* ; **dr** : *drapeau…*)

Lis cette histoire.

Ratus est devenu le roi des bricoleurs.
Avec des planches, un marteau et des clous,
il s'est fait un meuble qui ferme à clé
et il l'a rempli de fromages.
Dessus, Mina a posé un vase de fleurs
et Ratus trouve que c'est très joli.
Le rat vert a aussi fait un banc.
Les deux amis sont assis dessus.
Mais si Mina se lève, Ratus tombera :
il n'a pas cloué les pieds du banc au bon endroit !

*Les groupes de lettres avec **r** ou **l** sont difficiles à lire car on doit prononcer en même temps la voyelle qui suit. Les exercices de la page 61 entraîneront votre enfant à surmonter cette difficulté. N'hésitez pas à les lui faire réviser dans quelques jours.*

Montre **br**, **bl**, **fr**, **fl**...

| **br** | **fr** | **dr** | **tr** |
|---|---|---|---|
| bravo | fromage | drapeau | trouve |
| **bl** | **fl** | **pl** | **cl** |
| blanc | fleur | planche | clé |

Lis ces syllabes.

pra clo cri bre fleu cla gri pli

clai pro blan fri grou plon fla troi

Lis et trouve les mots dessinés.

| | | | |
|---|---|---|---|
| drôle | le plafond | agréable | une chèvre |
| triste | une plume | le sable | un zèbre |
| grand | une cloche | un tableau | un livre |

Lis ces phrases et réponds par VRAI ou FAUX.

1. Le meuble du rat vert ferme à clé.
2. Dans son meuble, Ratus a mis des plats.
3. Mina a décoré le meuble avec des fleurs.
4. Mina a un parapluie blanc et une robe bleue.
5. Ratus s'est trompé en clouant les pieds du banc.

Ratus trouve son meuble joli. **tr** **bl**

*Ratus trouve son meuble joli. tr bl*

# Ratus au carnaval

Raconte ce qui se passe sur l'image. (**ar** : *carnaval, marmite, char* ; **ra** : *rat, dragon, crache, bras* ; **or** : *bord* ; **ro** : *trottoir, fromage* ; **al** : *carnaval* ; **ol** : *volcan…*)

Lis cette histoire.

Au carnaval, Ratus conduit le char du fromage.
Il parcourt les rues à la vitesse d'un escargot.
Marou est au bord du trottoir
et il filme son ami. Le char du rat vert
est un énorme fromage en carton
avec un dragon qui sort d'un volcan.
Il crache du feu sous une grosse marmite
pour faire une fondue au fromage.
C'est le plus beau char du carnaval.
Mina crie : « Bravo Ratus ! »

*Entraînez votre enfant à lire les syllabes de la page 63 en respectant bien le sens de la lecture, de la gauche vers la droite. Apprenez-lui aussi à les lire sans hésiter : au début, il lui faudra peut-être plus de deux minutes pour toutes les lire. Après quelques répétitions, il réussira en une minute ou moins, alors bravo ! Félicitez-le.*

Montre **ar**, **ra**, **or**, **ro**. Dis le nom des mots dessinés.

| **ar** | **ra** | **or** | **ro** |
|---|---|---|---|
| carnaval | dragon | bord | trottoir |
| marmite | crache | énorme | grosse |

Lis ces syllabes.

par gur cra bir tra car dor fro pra

tar bri tro tur tor for gra dro tru

Lis ces mots.

| | | | |
|---|---|---|---|
| partout | le calcul | un portrait | un arbre |
| garnir | un garde | une surprise | une poursuite |
| dormir | une tartine | la moutarde | une fourchette |

Lis ces phrases et réponds par VRAI ou FAUX.

1. Le char de Ratus est garni de bonbons.
2. Mamie Ratus est venue au carnaval.
3. On voit Victor et les chats sur le trottoir.
4. Sur le volcan, il y a un dragon vert et bleu.
5. Le dragon crache du feu sous la marmite.

Mina regarde le dragon. **gar** **dra**

*Mina regarde le dragon. gar dra*

## qu, gu

# le masque et la baguette

Raconte ce qui se passe sur l'image. (**qu** dans : *masque, musique, équilibre, taquine, queue de pie* ; **gu** dans : *guitare, déguisé, baguette, guide…*)

Lis cette histoire.

Belo joue de la guitare dans le jardin
quand il voit Ratus en équilibre sur le mur.
Le rat vert s'est déguisé. Il porte un masque
et il a une baguette en bois.
– Tu fais le guignol ? lui demande Belo
qui taquine souvent son voisin.
– Mais non, grogne Ratus. Je bats la mesure
et je te guide. J'aime la musique, moi aussi !
– Tu risques de perdre l'équilibre,
grand chef ! lui dit Belo en souriant.

*Dans cette leçon, on retrouve le son* (k) *de cacao écrit avec deux lettres :* **qu**. *Les écritures* **gu** *et* **qu** *sont faciles à lire. La difficulté est de les écrire, mais c'est un problème d'orthographe, pas de lecture. Si on oublie le* **u** *de* guitare, *on écrit «* gitare *», par exemple. Cf. le cahier* ORTH CP, *Réussir en orthographe (mêmes auteurs, Éditions Hatier).*

Montre **gu** et **qu**.

| **gu** | **gu** | **qu** | **qu** |
|---|---|---|---|
| guitare | déguisé | équilibre | masque |
| guide | baguette | taquine | musique |

Lis ces syllabes.

que qui quin gui gué quet qué guet

quo queu guette ques quel quette

Lis et trouve les mots dessinés.

| | | | |
|---|---|---|---|
| quatre | un requin | fatigué | une vague |
| quatorze | un liquide | guérir | la langue |
| quinze | une raquette | le guidon | une bague |
| quand | une étiquette | une guirlande | le muguet |

Lis ces phrases et réponds par VRAI ou FAUX.

1. Ratus chante sur son mur.
2. Belo se moque un peu du rat vert.
3. Ratus est en équilibre sur son échelle.
4. Sur le mur, il y a Ratus qui s'est déguisé.
5. Belo demande à Ratus s'il fait le guignol.

il a un masque et s'est déguisé. **qu** **gu**

*il a un masque et s'est déguisé. qu gu*

## Mesure tes progrès !

★ Pour chaque mot, trouve le bon dessin !

une fleur
un phoque
un zèbre

1 2 3 4 5 6

un marteau
un peigne
un escargot

★ Chaque syllabe est cachée dans un mot. Trouve ces mots.

pai
blan
car
que
fri

cravate tricot blanche
vague gardé peu
planche nacré paire
poisson masque frigo
bravo piano carton
déguisé affirme

★ Vrai ou faux ?

1. La chatte a pondu un œuf.
2. Belo est un grand-père chat.
3. Une voiture a des phares et des jambes.
4. On joue du tambour avec deux baguettes.
5. Le taureau est un animal de compagnie.
6. La sieste est un vêtement pour dormir.

★ ***Top chrono !*** Tu as 30 secondes pour lire ces syllabes.

tri bor gra ran phi din

gau veu gnon gué quoi frai

★ Lis cette histoire, puis trouve ce que dit Ratus et ce que répond Mina.

Un rossignol est sur le bord
de la fenêtre. Ratus dit à Mina :
– Il est muet ! Il ne chante jamais.
Pourtant, je lui donne du fromage
tous les jours.

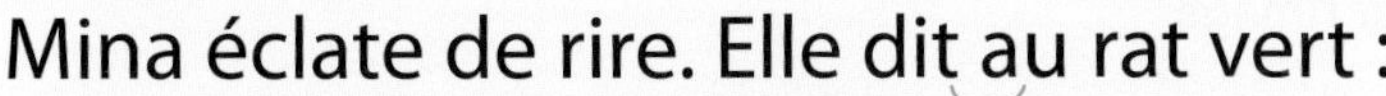

Mina éclate de rire. Elle dit au rat vert :
– Un rossignol n'aime pas le fromage !
Donne-lui des graines et il chantera.
– Mon rossignol est fou s'il n'aime pas
le fromage ! dit Ratus.

RÉPONSES

★ *3. fleur / 2. phoque / 6. zèbre / 4. marteau / 1. peigne / 5. escargot.*

★ *pai : paire / blan : blanche / car : carton / que : masque / fri : frigo.*

★ *Phrases fausses : 1, 3, 5, 6. Phrases vraies : 2, 4.*

★ *Réussite si les mots ont été lus en 30 secondes ou moins.*

★ *Réussite : 3 (ce que dit Ratus) ; 6 (ce que répond Mina).*

*Félicitez votre enfant quand il réussit. Il gagne une étoile chaque fois qu'il a trois réponses justes (ou plus, bien sûr) à une question de la page 66. S'il a gagné les cinq étoiles des deux pages, il peut lire d'autres aventures du rat vert dans la Collection Ratus.*

# h, ent

## l'heure du fantôme

Raconte ce qui se passe sur l'image.

Lis cette histoire.

Belo et Victor boivent le thé dans le salon.
Marou et Mina lisent des histoires.
Tout à coup, il y a du bruit dans le jardin.
Les habitants de la maison entendent :
– Hou ! Hou ! Il est minuit, l'heure du fantôme.
Belo et Victor éclairent vite le jardin
et tout le monde regarde dehors.
– Hou ! Hou ! Le fantôme approche…
Sous son drap, il a des pieds verts !
Le fantôme de minuit, c'est Ratus !

*Votre enfant connaît déjà le* **h** *marié à* **c** *ou à* **p** *pour écrire* **ch** *et* **ph**. *En début de mot, si le* **h** *est muet, on fait la liaison (*des histoires*). Pas de liaison si le* **h** *est aspiré :* les hiboux, *et non* « les ziboux ». *Dans un mot, le* **h** *peut servir à séparer deux voyelles : sans* **h**, cahier *se lirait* « caier ». *Autres lettres muettes : la terminaison* **ent** *des verbes.*

| | h | h | ent |
|---|---|---|---|
| Montre **h** et **ent**. | histoire | thé | ils boivent |
| | habitant | dehors | ils lisent |
| | heure | | ils entendent |

Lis ces syllabes.

thé ché phé ho pho chon rhu

chou phar hui chau har heu hau

Lis et trouve les mots dessinés.

| | | | |
|---|---|---|---|
| heureux | une haie | le thon | aujourd'hui |
| un homme | un hibou | un rhume | des haricots |
| une heure | des habits | un malheur | un hérisson |

Lis ces phrases et réponds par VRAI ou FAUX.

1. Les deux amis boivent du thé dans le jardin.
2. Les enfants ne dormaient pas : ils lisaient.
3. Le fantôme vert est l'invité de Belo.
4. Sur la branche, on voit un hibou.
5. Ratus s'est déguisé en fantôme.

ils regardent dehors. **h H**

*ils regardent dehors.* *h*

**er, ez** =é

# un dîner chez Belo

Raconte ce qui se passe sur l'image.

Lis cette histoire.

Mamie Ratus est invitée à dîner chez Belo.
Le grand-père chat dit à Marou et à Mina :
– Prenez mon panier et allez acheter des œufs, je n'en ai pas assez. Achetez aussi du fromage et un gâteau à la crème chez le pâtissier. Moi, je vais préparer les carottes du jardin.
Ratus a tout entendu. Il dit à Belo :
– D'accord pour le gâteau et le fromage, mais pas pour les carottes. Ma mamie n'est pas un lapin !

• *À la fin d'un mot, le son* é *s'écrit parfois* **er** *ou* **ez**. *Il s'agit souvent de verbes* (allez, acheter), *mais aussi de mots très fréquents comme* panier, pâtissier, nez, chez…
• *Dans cette dernière partie du livre, les lettres muettes ne sont plus en gris dans les mots déjà appris ou faciles à lire.*

Montre **er** et **ez**.

| er | ez |
|---|---|
| panier | chez |
| pâtissier | prenez |
| dîner | allez |
| acheter | achetez |

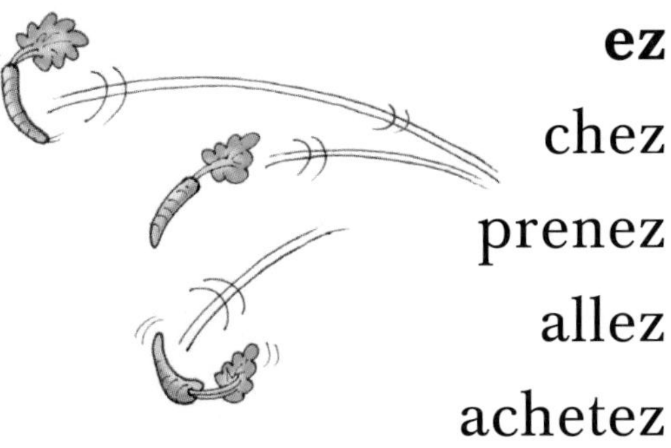

Lis et trouve les mots dessinés.

| | | | |
|---|---|---|---|
| jouer | vous achetez | un rocher | un cahier |
| regarder | vous lisez | le souper | un écolier |
| écouter | vous vendez | un goûter | du papier |
| chanter | vous pêchez | le plancher | un métier |
| le nez | vous dormez | le déjeuner | un escalier |

Lis ces phrases et réponds par VRAI ou FAUX.

1. Aujourd'hui, Belo a invité Mamie Ratus pour le dîner.
2. Belo tend un panier à Marou et à Mina.
3. Ratus veut acheter du fromage chez le pâtissier.
4. Belo n'a pas assez d'œufs pour faire la cuisine.
5. Mamie Ratus adore manger des carottes.

Mamie Ratus va dîner chez Belo. **er** **ez**

*Mamie Ratus va dîner chez Belo. er ez*

# ge, gi, gea, geo

## le régime de bananes

Raconte ce qui se passe sur l'image.

Lis cette histoire.

Aujourd'hui, Ratus visite le zoo. Il a apporté
un régime de bananes pour les singes
et des graines pour les pigeons.
Un garde se dirige vers lui :
– Défendu de donner à manger
aux animaux !
Le rat vert rougit et répond :
– Tout est pour moi. C'est pour mon goûter.
Le garde comprend que c'est un mensonge
et il ne s'en va pas ! Alors, Ratus est obligé
de tout manger : les bananes et même les graines !

- **ge** *correspond toujours à la prononciation* « je ». *Avant les lettres* **a**, **o**, **u**, *la lettre* **e** *qui suit le* **g** *sert à montrer qu'il faut prononcer* j (pigeon).
- *Demandez à votre enfant ce qu'il pense de ce qui arrive à Ratus. Les aventures du rat vert permettent toujours un échange d'idées et un dialogue éducatif.*

| | **ge** | | **geo** | **gi** |
|---|---|---|---|---|
| Montre **ge** et **gi**. ► | singe |  | pigeon | régime |
| | manger | | | rougir |

Lis ces syllabes. ►

| | | | | | | |
|---|---|---|---|---|---|---|
| gi | gè | ger | gen | gin | ges | gé |
| gez | geu | geo | geon | gea | geai | geoi |

Lis et trouve les mots dessinés. ►

| | | | |
|---|---|---|---|
| gentil | nuageux | rugir | une orange |
| les gens | dangereux | agile | une éponge |
| la gelée | l'orangeade | une bougie | un orage |
| le genou | la rougeole | un engin | une horloge |

Lis ces phrases et réponds par VRAI  ou FAUX. ►

1. Dans un zoo, il y a beaucoup d'animaux.
2. Dire un mensonge a fait rougir Ratus.
3. Les singes ont mangé toutes les bananes.
4. Ratus a apporté des graines pour les pigeons.
5. Ratus veut donner le régime de bananes aux girafes.

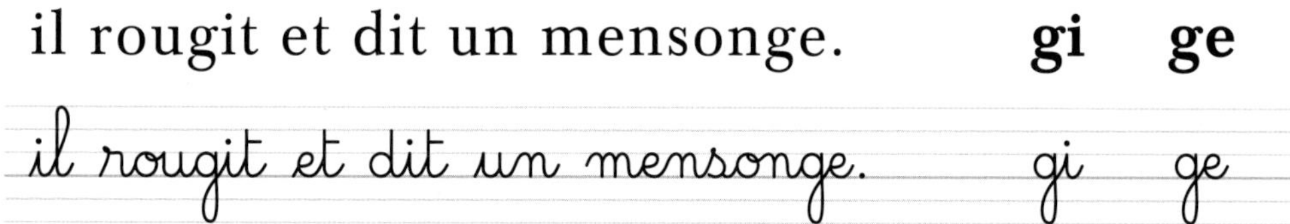

## chez le médecin

Raconte ce qui se passe sur l'image.

Lis cette histoire.

Ratus dit au médecin qu'il a mal au ventre.
– Mon garçon, tu manges trop de saucisses.
– Non ! dit Ratus, moi, je mange du fromage.
– Fromage ou saucisses, dit le médecin,
ça ne change pas mon ordonnance :
le matin, tu boiras le jus d'un citron.
Ratus est déçu. Il voulait du sirop.
– Je n'ai plus mal, dit le rat vert.
Le jus de citron, gardez-le pour Victor :
il a le ventre rempli de saucisses !

- *Quand **c** se prononce (s), il s'écrit avec une cédille si la voyelle qui le suit est **a**, **o** ou **u**. Il s'écrit simplement **c** si la voyelle qui le suit est **e** ou **i** (ou **y** qui est une sorte de **i**, comme son nom l'indique). Retenir les voyelles en deux groupes aidera votre enfant en orthographe.*
- *Votre enfant peut maintenant lire les phrases interrogatives avec « ce » (p. 75).*

| | ce | ci | ç |
|---|---|---|---|
| Montre **c** et **ç**. | ordonnance<br>balance | médecin<br>citron | garçon<br>déçu |

Lis ces syllabes.

ce ci cen cin ceu ça ço çu

cette ceau çai çon çau çoi

Lis et trouve les mots dessinés.

| | | | |
|---|---|---|---|
| cinq | décembre | une leçon | une pièce |
| facile | un pinceau | un maçon | une place |
| le ciel | une recette | la façade | le silence |
| une cerise | un morceau | un glaçon | la police |

Lis, puis réponds à ces questions.

1. Ratus est-il allé chez le médecin ?
2. Est-ce que le rat vert a mal à la tête ?
3. Qu'est-ce que Ratus aime manger ?
4. Est-ce que Ratus aime le jus de citron ?
5. Le rat vert est malade parce qu'il mange trop de saucisses. Est-ce vrai ?

le garçon boit un jus de citron. **ç** **ci**

*le garçon boit un jus de citron. ç ci*

**er** =èr

# un perroquet malin

Raconte ce qui se passe sur l'image.

Lis cette histoire.

Hier, Ratus a acheté un superbe perroquet.
Il l'a enfermé dans une cage dorée.
– Tu m'as coûté très cher, lui dit le rat vert,
alors tu vas te rendre utile.
Ouvre ma boîte de conserve avec ton bec.
– D'accord, lui dit l'oiseau, mais je ne peux pas
bouger dans ta cage. Fais-moi d'abord sortir.
Une fois dehors, le perroquet pince Ratus
avec son gros bec et le pousse dans la cage.
Il l'enferme, puis il s'envole vers la liberté !

*À l'intérieur d'un mot, l'écriture* **er** *correspond toujours au son* **èr** *si elle est à la fin d'une syllabe, comme dans su-per-be. À la fin d'un mot, c'est plus difficile pour un lecteur débutant, car* **er** *peut se lire soit* **é** *, soit* **èr** *. C'est le sens qui permet de lire juste :* il aime rêv**er** / il aime l'hiv**er**.

| | **er** (è.r) | **er** (è.r) | **er** (è.r) |
|---|---|---|---|
| Montre **er**. ► | hier | vert | superbe |
| | cher | liberté | enfermé |

Lis ces syllabes. ►

per... fer... ver... ser... ber... mer...

her... der... cher... ger... ter... cer...

Lis et trouve les mots dessinés. ►

| | | |
|---|---|---|
| la mer | mercredi | on ferme → fermer |
| l'herbe | un service | il cherche → chercher |
| une perle | une personne | je traverse → traverser |
| un merle | une serviette | il termine → terminer |

Lis ces phrases et réponds par VRAI ou FAUX. ►

1. Ratus a enfermé son perroquet dans une cage.
2. Le perroquet est très heureux dans la cage.
3. Le perroquet a ouvert la boîte de conserve avec un ouvre-boîte doré.
4. L'oiseau a pincé Ratus, puis il a ouvert la boîte.
5. Ratus a été enfermé dans la cage par le perroquet.

il est enfermé dans la cage. **fer**

*il est enfermé dans la cage. fer*

## ain, ein, oin

# le pistolet à peinture

Raconte ce qui se passe sur l'image.

Lis cette histoire.

Ratus repeint sa cuisine.
– As-tu besoin d'un coup de main ?
demande Marou à son copain.
Tu en as au moins pour un mois !
– Pas du tout, j'aurai fini demain, répond Ratus.
Avec mon pistolet à peinture, ça va vite.
Mais le pistolet crache maintenant des taches
de peinture partout, sur le mur et sur Ratus.
– Ton pistolet n'est pas au point, dit Marou.
Tu vas avoir besoin d'un bon bain !

- *Dans cette leçon, votre enfant entend le son* **in** *à la fin d'une syllabe. Ce son s'écrit* **in**, *mais il est précédé d'une autre lettre (***a** *ou* **e***) qui ne se prononce pas :* **ain** *ou* **ein** *(comme dans* maintenant *et* peinture*).*
- *Quand la lettre qui est avant* **in** *est un* **o**, *on lit* **o.in** *(comme dans* besoin*).*

| | **ain** | **ein** | **oin** |
|---|---|---|---|
| Montre **ain**, **ein** et **oin**. | demain | peinture | moins |
| | copain | il repeint | besoin |

Lis ces syllabes.

moin pain soin tein dain pein

rain cein main foin rein poin

Lis et trouve le mot dessiné.

| vilain | plein | loin |
|---|---|---|
| du pain | éteindre | pointu |
| un train | les freins | le soin |
| un terrain | un peintre | un témoin |
| des grains | la ceinture | une pointe |

Lis ces phrases et réponds par VRAI ou FAUX.

1. Ratus repeint sa cuisine avec un pistolet à eau.
2. Les meubles de la cuisine ont été poussés dans un coin.
3. Ratus dit qu'il aura fini de peindre le lendemain.
4. Le pistolet de Ratus fait de jolies bandes de peinture.
5. Ratus a de la peinture rose même sur le museau.

Ratus a besoin d'un bain ! **oin** **ain**

*Ratus a besoin d'un bain ! oin ain*

# ien, ion, ieu, ian

## à la télévision

Raconte ce qui se passe sur l'image.

Lis cette histoire.

À la télévision, c'est le jeu des questions.
Un vieux chien vient de perdre. Le suivant, c'est Ratus ! Il répond à tout en souriant.
Soudain, le présentateur annonce :
– Dernière question ! Écoutez bien. Je vous donne un crottin. Est-ce que vous le mangez ?
Belo fait la grimace. Marou et Mina font *baaah !*
Mais Ratus est sûr de lui. Il n'hésite pas et il répond avec un sourire malicieux :
– Bien sûr ! C'est un fromage de chèvre délicieux.
– Ratus est le champion ! s'écrie le présentateur.

- *Les quatre écritures de cette leçon commencent toutes par la lettre* **i**. *Faites entendre ce* **i** *à votre enfant en prononçant à haute voix au ralenti :* questiii-on, viii-eux, souriii-ant.
- *La lecture de* **ien** *est la plus difficile des quatre, car le son* **i-in** *s'écrit* **i-en**. *Si votre enfant se rappelle que c'est le* **ien** *de ch***ien**, *il le reconnaîtra plus facilement.*

| ien | ion | ieu | ian |
|---|---|---|---|
| chien | télévision | vieux | souriant |
| bien | question | malicieux | |
| vient | champion | délicieux | |

Montre **ien**, **ion**, **ieu** et **ian**.

Lis ces syllabes.

sien pion tian bien vian

rieu cien nion dien lieu

Lis et trouve les mots dessinés.

| | | | |
|---|---|---|---|
| adieu | un lion | le tien | un musicien |
| curieux | un avion | le mien | un pharmacien |
| le milieu | un camion | combien | un mécanicien |
| la viande | une réunion | le gardien | un électricien |

Lis, puis réponds à ces questions.

1. Ratus a-t-il participé à un jeu télévisé ?
2. Est-ce Belo qui a perdu juste avant Ratus ?
3. Ratus connaissait-il toutes les bonnes réponses ?
4. Quelle est la dernière question posée à Ratus ?
5. Est-ce que Marou et Mina connaissaient la bonne réponse à la dernière question ?

il a bien répondu à la question. **ien** **ion**

*il a bien répondu à la question. ien ion*

# Ratus chanteur

Raconte ce qui se passe sur l'image.

Lis cette histoire.

Pour le concours de chant, Ratus est bien habillé.
Il a mis un nœud papillon et il chante
une chanson pas très gentille
qu'il a inventée sur l'air de *Au clair de la lune* :

– Quand la lune brille
Mon voisin Marou
Rentre en sa coquille
Il a peur du loup…

– Quand la lune brille
Le gros chien Victor
Ferme bien sa grille
Car il a très peur…

Mais Victor est dans la salle avec sa famille !
Il se lève et gonfle ses muscles.
Ratus comprend le danger : il file à toute vitesse.

*L'écriture* **ill** *peut représenter le son* (il) *dans des mots comme* ville ou mille. *Mais le plus souvent,* **ill** *représente le son* (i) *suivi d'un son particulier, celui qu'on entend au début du mot* yaourt. *Comme pour* **ien**, *un mot courant très simple permettra à votre enfant de le retenir plus facilement : c'est le* **ill** *de* fille.

| | ill | ille |
|---|---|---|
| Montre **ill**. | habillé | brille |
| | papillon | gentille |
| | | famille |

Lis ces syllabes.

| rill | grill | bill | till | dill | guill |
|---|---|---|---|---|---|
| fill | quill | nill | brill | pill | sill |

Lis et trouve les mots dessinés.

| un grillage | griller | une fille | une chenille |
|---|---|---|---|
| un tourbillon | fendiller | la vanille | une pastille |
| un pavillon | pétiller | des billes | des lentilles |
| un coquillage | sautiller | des quilles | des béquilles |

Lis, puis réponds à ces questions.

1. Ratus a-t-il inventé les paroles de sa chanson ?
2. Victor porte-t-il un chapeau et un nœud papillon ?
3. La chanson de Ratus est-elle gentille pour Victor ?
4. Dans sa chanson, Ratus dit que Marou rentre dans sa coquille. Est-ce possible ?
5. Ratus a peur quand Victor se fâche. Est-ce pour cela qu'il se sauve en courant ?

Victor est avec sa famille. **ill**

*Victor est avec sa famille.* *ill*

# ail, eil, euil, ouil

## le robot laveur

Raconte ce qui se passe sur l'image.

Lis cette histoire.

Ratus a pris une grande feuille de papier
pour dessiner le robot qu'il veut fabriquer.
Il a travaillé pendant un mois.
Un jour, son robot est enfin terminé :
c'est un appareil pour laver ce qui est sale.
Mais Ratus est fatigué, il a sommeil
et il s'endort dans son fauteuil. Soudain,
il se réveille en sursaut : il est tout mouillé !
Son robot est en train de le laver et de le frotter
avec des brosses. Ratus avait oublié un détail :
il était sale. Il ne s'était pas lavé depuis un mois !

*Dans les syllabes de la page 85, les voyelles en rouge vont aider votre enfant à lire* **a-il**, **eu-il**, **ou-ill** *et* **e-il** *(où* **e** *se lit* **è***). Après quelques essais, faites-lui trouver un mot pour chacune d'elles en disant :* **vail** *comme dans…* travail, **veil** *comme dans…* réveil, *etc. Revenez plusieurs fois sur cette difficulté car un bon entraînement est gage de réussite.*

**ail** **eil** (è) **euil**

Montre **ail**, **eil**, **euil**, **ouil**. ► détail appareil fauteuil

**aill** **eill** (è) **euill** **ouill**

travaillé se réveille feuille mouillé

Lis ces syllabes. ► vail tail reil veil rail seil reuil

feuill bouill daill beill meill paill

Lis et trouve les mots dessinés. ►

| | | | |
|---|---|---|---|
| le travail | un réveil | une corbeille | un écureuil |
| un portail | un conseil | des groseilles | un chevreuil |
| un rail | le soleil | le meilleur | le feuillage |
| un maillot | une oreille | fouiller | une bouteille |
| une médaille | une abeille | une grenouille | une bouilloire |

Lis, puis réponds à ces questions. ►

1. Qu'a fait Ratus sur la grande feuille de papier ?
2. Pourquoi Ratus s'endort-il dans son fauteuil ?
3. À quoi sert le robot fabriqué par Ratus ?
4. Pourquoi Ratus est-il tout mouillé ?
5. Pourquoi le robot lave-t-il le rat vert ?

le fauteuil est mouillé. **euil** **ouill**

*le fauteuil est mouillé. euil ouill*

y

## la piscine de Ratus

Raconte ce qui se passe sur l'image.

Lis cette histoire.

Le rat vert a mis son pyjama à rayures.
Un tuyau à la main, il remplit sa piscine gonflable.
– Pourquoi es-tu si joyeux ? demande Marou.
– Je vais m'entraîner pour les jeux olympiques.
Je veux gagner la médaille d'or en plongeon.
– Tu n'es pas en maillot de bain, dit Mina.
– Je ne veux pas prendre froid ! répond Ratus.
– Tu devrais aller à la piscine, dit Marou.
– À la piscine, il y a beaucoup trop d'eau !
J'ai peur de me noyer ! Je vais apprendre
à nager sur mon tabouret.

- *Les mots avec un* **y** *sont difficiles à lire : suivant les cas,* **y** *correspond à* **un seul i** *ou à* **deux i**. *Au début d'un mot ou après une consonne, il représente le son* i (yeux, pyjama, Sylvie*). Après une voyelle,* **y** *se lit comme s'il y avait* **i.i** (pays = pai-i ; tuyau = tui.iau*).*
- *Page 87,* **y** *et la voyelle juste avant sont en rouge pour aider votre enfant.*

| | y = i | y = i.i | y = i.i | y = i.i |
|---|---|---|---|---|
| Montre **y** = i et **y** = i.i ► | pyjama (i) | rayure (ai.iu) | joyeux (oi.ieu) | tuyau (ui.iau) |
| | olympique (im) | | | |

Lis ces morceaux de mots. ►

| sayé (ai.ié) | voyé (oi.ié) | nuyé (ui.ié) | boyé | puyé | rayé |
|---|---|---|---|---|---|
| ayon | oyau | ayez | oyel | uyeu | oyan |

Lis et trouve les mots dessinés. ►

| | | | |
|---|---|---|---|
| un stylo | balayer | aboyer | appuyer |
| les yeux | payer | nettoyer | essuyer |
| un cycliste | un paysage | un noyau | s'ennuyer |
| un cygne | un crayon | un voyage | bruyant |

Lis, puis réponds à ces questions. ►

1. Quels vêtements porte Ratus dans cette histoire ?
2. Pourquoi Ratus ne met-il pas un maillot de bain ?
3. La piscine de Ratus est-elle assez grande pour apprendre à nager ?
4. Que fait Ratus avec son tabouret ?
5. Que penses-tu de l'idée de Ratus ?

Ratus a un pyjama à rayures. **y Y**

*Ratus a un pyjama à rayures. y*

# en route pour le ski

Raconte ce qui se passe sur l'image.

Lis cette histoire.

Marou, Mina et Belo vont faire du ski
dans une station de sports d'hiver.
Avant de monter dans le wagon,
Marou et Mina veulent acheter un livre
au kiosque à journaux.
– Attention ! dit Belo. Dépêchez-vous,
le train va bientôt partir.
Ratus apparaît à la portière d'un wagon.
– Je vous chronomètre ! crie-t-il. Allez-y !
– Tu vas faire du ski, toi aussi ? demande Belo.
– Ah non, moi je vais à la montagne
pour visiter des fromageries. Miam, miam !

*À la fin de son apprentissage, votre enfant découvre les lettres les plus difficiles :* **w**, **k** *et le* **ch** *prononcé* **k** *comme dans* Chloé et Christophe. *Il découvre aussi la particularité de l'écriture* **ti** *quand elle se prononce* **si** (attention, station)*. Votre enfant peut s'entraîner à lire ces mots page 89.*

| | w | k | ch (k) | ti (si) |
|---|---|---|---|---|
| Montre **w**, **k**, **ch** et **ti**. | wagon | ski<br>kiosque | chronomètre | station<br>attention |

Lis ces mots qui ont le son (k).

un koala — un kiwi — un kimono

un kilomètre — un kilogramme — un kangourou

la chorale — un chœur — un orchestre

Lis ces mots qui ont le son (s). Trouve les trois mots dessinés.

la récréation — la circulation — une invitation — une opération

une addition — une position — une collection — une réclamation

la natation — l'aviation — les initiales — une acrobatie

Lis, puis réponds à ces questions.

1. Que vont faire Marou, Mina et Belo à la montagne ?
2. Qu'est-ce que Mina et Marou veulent acheter au kiosque ?
3. Pourquoi Belo dit-il à Marou et à Mina de se dépêcher ?
4. Où est Ratus au moment où les chats arrivent sur le quai avec leurs bagages ?
5. Que va faire Ratus à la montagne ?

il met les skis dans le wagon. **k** **w**

*il met les skis dans le wagon.* *k* *w*

X

# Ratus boxeur

Raconte ce qui se passe sur l'image.

Lis cette histoire.

À la kermesse, il y a un kangourou boxeur.
– Qui veut se battre contre lui ? crie l'arbitre.
– Moi ! s'écrie Ratus. J'aime faire de l'exercice.
– Tu es fou ! s'exclame Marou. C'est dangereux !
– Tu exagères, dit Ratus. J'ai de bons réflexes.
Plus fort que le rat vert, ça n'existe pas !
Belo essaie de lui expliquer que le kangourou
est grand et fort, et qu'il peut lui faire mal.
Mais Ratus veut boxer. C'est une idée fixe !
– En garde ! dit l'arbitre. Prêts ?
Ouille, ouille ! En deux coups de poing,
le kangourou expédie Ratus au tapis !

*À la fin d'un mot, la lettre* **x** *est la plupart du temps muette. Dans un mot, elle peut représenter deux sons, soit* **ks** *(boxeur), soit* **gz** *quand* **ex** *est suivi d'une voyelle (exact). C'est une lettre difficile à lire car on la trouve souvent dans des mots abstraits. Et dans les nombres,* **x** *peut encore se lire autrement !* **s** *(dix) ou* **z** *(dixième).*

| x (ks) | ex (èks) | ex (ègz) |
|---|---|---|
| boxeur | s'exclame | exercice |
| réflexe | expliquer | exagéré |

Montre x = ks et x = gz.

Lis ces morceaux de mots.

axi oxe expé exté expli excu exto
exa exi exo exé exem exau exer

Lis ces mots qui ont ks ou z.

| | | | |
|---|---|---|---|
| la boxe | une excuse | une exposition | deuxième |
| un taxi | l'extérieur | une explication | sixième |
| un texte | exprès | une explosion | dixième |

Lis ces mots qui ont gz.

| | | | |
|---|---|---|---|
| exact | un exemple | examiner | s'exercer |
| exotique | un exil | exiger | exécuter |

Lis, puis réponds à ces questions.

1. Dans l'histoire, quelle est l'idée fixe de Ratus ?
2. Le rat vert porte-t-il des gants de boxe ?
3. Qui dit à Ratus de ne pas boxer contre le kangourou ?
4. Le combat a-t-il duré longtemps ?
5. Qui a gagné le match ? Pourquoi ?
6. Après le combat, Ratus est-il content ?

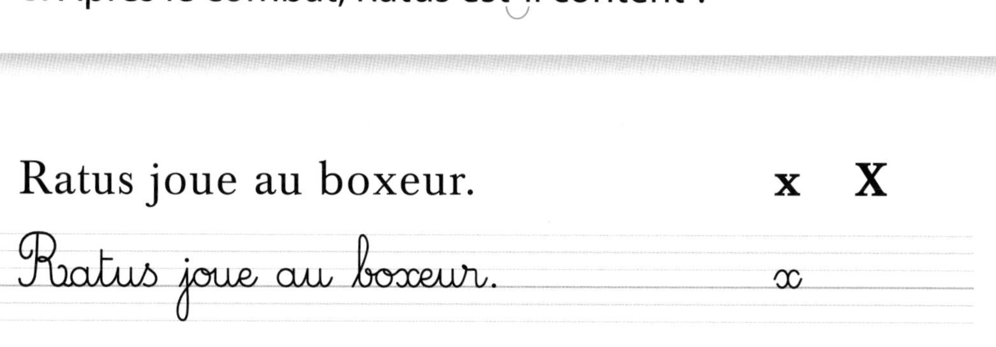

Ratus joue au boxeur. x X

*Ratus joue au boxeur.* *x*

★ Donne les bons mots à Mina et à Marou !

| | |
|---|---|
| carte | guitare |
| citron | bougie |
| glaçon | goûter |
| courir | pigeon |
| cerise | orange |
| cuisine | regarder |

★ Parmi tous ces mots en couleur, Ratus a caché six noms d'animaux. Trouve-les.

| | | | | |
|---|---|---|---|---|
| avion | tortue | viande | chien | perruque |
| écureuil | niche | livre | grille | cycliste |
| citrouille | hibou | pavillon | canal | grenouille |
| canard | pignon | pantalon | hasard | drapeau |

★ Que font-ils ? Termine chaque phrase.

| | |
|---|---|
| L'écolier… | 1. … joue dans un orchestre. |
| Le boulanger… | 2. … soigne les malades. |
| Le pompier… | 3. … apprend à lire. |
| Le musicien… | 4. … conduit un bus. |
| Le chauffeur… | 5. … combat le feu. |
| Le médecin… | 6. … fait le pain. |

*Ce bilan final regroupe l'essentiel de l'apprentissage de la lecture. Il est donc difficile. Nous vous conseillons de le faire passer en trois fois : les deux premiers exercices, puis le troisième, et enfin la lecture de l'histoire avec ses questions de compréhension. Choisissez toujours un moment où votre enfant est calme et réceptif.*

★★ Lis cette histoire, puis réponds aux questions de Marou, de Ratus et de Mina.

Belo a organisé un pique-nique au bord de la rivière. Victor a mis un maillot de bain à rayures et il se baigne. Ratus a envie de rire, mais il a promis d'être gentil, alors il ne dit rien.
Belo a prêté sa canne à pêche à Marou qui a pris trois petits poissons.
Tout à coup, Ratus appelle Mina et lui montre une grenouille sur une feuille.
– Regarde la jolie petite bête, dit-il.
Elle est verte comme moi !
Ratus est heureux de sa découverte.
– Maintenant, dit-il, je vais faire une photo en souvenir de cette journée.
Il fixe son appareil sur un pied spécial.
– Vous êtes tous prêts ? demande-t-il.
Souriez ! Dites : « fromage de brebiiiiiiis ».

Qu'est-ce que j'ai pris dans la rivière ?

Quelle bête j'ai trouvée ?

Où sera Ratus sur la photo ?

Ratus appuie sur un bouton et court vite s'asseoir devant Mina. Il a juste le temps de faire un sourire et « CLIC », la photo est prise.

**RÉPONSES**

★ *Mina : citron, glaçon, cerise / Marou : bougie, pigeon, orange.*
★ *tortue, chien, écureuil, hibou, grenouille, canard.*
★ *l'écolier 3 / le boulanger 6 / le pompier 5 / le musicien 1 / le chauffeur 4 / le médecin 2.*
★ *Réussite si l'histoire a été entièrement lue.*
★ *Marou : trois petits poissons / Ratus : une grenouille (verte) / Ratus sera devant Mina.*
*Votre enfant gagne une étoile chaque fois qu'il a quatre réponses justes (ou plus) à une question de la page 92. Ajoutez une étoile s'il a lu l'histoire et une étoile s'il a répondu juste aux questions. S'il a quatre ou cinq étoiles, bravo ! Il est maintenant capable de lire des histoires plus longues de Ratus et ses amis. Sinon, ne serait-il pas allé trop vite ?*

# Table des matières

# Une collection adaptée à tous les âges et toutes les envies de lecture

- 4 niveaux de lecture

- des questions-dessins
- l'explication des mots difficiles
- des jeux de lecture (niveaux 1, 2 et 3)

... et encore beaucoup d'autres histoires dans la collection !

Achevé d'imprimer en Espagne par Graficas Estella
Dépôt légal 98986 5/03 – Janvier 2020